*Cinco memórias sobre
a instrução pública*

FUNDAÇÃO EDITORA DA UNESP

Presidente do Conselho Curador
Marcos Macari

Diretor-Presidente
José Castilho Marques Neto

Editor Executivo
Jézio Hernani Bomfim Gutierre

Conselho Editorial Acadêmico
Antonio Celso Ferreira
Cláudio Antonio Rabello Coelho
José Roberto Ernandes
Luiz Gonzaga Marchezan
Maria do Rosário Longo Mortatti
Maria Encarnação Beltrão Sposito
Mario Fernando Bolognesi
Paulo César Corrêa Borges
Roberto André Kraenkel
Sérgio Vicente Motta

Editores Assistentes
Anderson Nobara
Denise Katchuian Dognini
Dida Bessana

CONDORCET

Cinco memórias sobre a instrução pública

Tradução e apresentação
Maria das Graças de Souza

Título original em francês: Cinq mémoires sur l'instruction publique
(Domínio público)

© 2008 da tradução brasileira:
Fundação Editora da UNESP (FEU)
Praça da Sé, 108
01001-900 – São Paulo – SP
Tel.: (0xx11) 3242-7171
Fax: (0xx11) 3242-7172
www.editoraunesp.com.br
feu@editora.unesp.br

CIP – Brasil. Catalogação na fonte
Sindicato Nacional dos Editores de Livros, RJ

C752c

Condorcet, Jean-Antoine-Nicolas de Caritat, marquis de, 1743-1794
 Cinco memórias sobre a instrução pública / Condorcet; tradução e apresentação Maria das Graças de Souza. – São Paulo: Editora UNESP, 2008.

 Tradução de: Cinq mémoires sur l'instruction publique
 ISBN 978-85-7139-822-1

 1. Educação – Filosofia. 2. Educação – França – História – Século XVII. 3. Educação e Estado – França. 4. Educação – Finalidades e objetivos. I. Souza, Maria das Graças de. II. Título.

08-1652.   CDD: 370.1
                                                                CDU: 37.01

Editora afiliada:

Sumário

Apresentação . 7

Primeira memória: Natureza e objeto
da instrução pública . 15

Segunda memória: Da instrução
comum para as crianças . 69

Terceira memória: Sobre a instrução
comum para os homens . 155

Quarta memória: Sobre a instrução
relativa às profissões . 205

Quinta memória: Sobre a instrução
relativa às ciências . 237

Apresentação

Em abril de 1792, Condorcet, na ocasião deputado do Departamento de Paris, apresenta à Assembléia Nacional, como membro do Comitê de Instrução Pública, o texto intitulado *Relatório e projeto de decreto sobre a organização geral da instrução pública*, no qual propõe aos deputados um plano completo de organização da instrução nacional, desde o ensino primário até o ensino superior. A esta altura, o movimento revolucionário, iniciado em 1789, havia obtido transformações políticas muito significativas para a sociedade francesa. Os chamados Estados Gerais do reino, cuja reunião em 1788 havia sido o estopim do movimento, haviam sido transformados em Assembléia Nacional Constituinte, antes mesmo da tomada da Bastilha. Em agosto de 1789, essa Assembléia havia votado a abolição do regime feudal e de certos direitos senhoriais. No mesmo mês, no dia 24, havia sido proclamada a liberdade de imprensa. E no dia 26, os deputados da nação haviam adotado a Declaração dos Direitos do homem e do cidadão, que é sancionada pelo rei no dia 5 de outubro. No ano seguinte, em fevereiro, são suprimidas as ordens religiosas. Os direitos senhoriais serão

Condorcet

definitivamenre extintos em março. Serão abolidas ainda no mesmo mês as chamadas *"lettres de cachet"*, que eram ordens sumárias de prisão expedidas diretamente pelo rei. Em junho, a Assembléia extingue a nobreza hereditária na França. Aprova também a Constituição Civil do Clero, à qual todos os eclesiásticos devem prestar juramento, e que os torna cidadãos sujeitos à lei como quaisquer outros. As corporações de ofício são suprimidas; é aprovado um novo código penal; a escravidão é abolida na França (embora continue nas colônias). Em abril de 1792, os franceses fazem a Festa da Liberdade, e é escolhida a divisa "Liberdade, Igualdade, Fraternidade", que até hoje vemos nas fachadas dos prédios oficiais da França.

É claro que tudo isto não foi feito sem conflito, e mesmo sem derramamento de sangue, mas o fato é que, em abril de 1792, quando Condorcet apresenta à Assembléia seu projeto de decreto para a organização do sistema francês de instrução pública, a França ainda não era republicana (o fim da monarquia e a proclamação da República dar-se-ão em setembro), mas o país já estava profundamente mudado institucional, política e mesmo socialmente.

Que princípios orientavam o projeto de Condorcet? Ora, um pouco antes, ele havia redigido suas *Cinco memórias sobre a instrução pública*, que fixavam o quadro teórico e ideológico que conduziu a elaboração da proposta de decreto para a organização do sistema público de instrução nacional.

As *Memórias* foram inicialmente publicadas em partes, durante o ano de 1791, em quatro números consecutivos de um jornal intitulado *Biblioteca do homem público*, e que se destinava a apresentar aos leitores análises de obras, tanto francesas quanto estrangeiras, sobre política em geral, legislação e direito. A

8

Cinco memórias sobre a instrução pública

primeira memória trata da natureza e da finalidade da instrução pública. A segunda aborda a educação das crianças. A terceira, a educação dos adultos. A quarta e a quinta examinam, respectivamente, a questão da instrução profissional e da instrução científica.

A primeira memória estabelece, incialmente, que a instrução pública é tarefa e dever do Estado. Ela não é apenas uma questão de organização escolar, mas uma questão política. Sua finalidade, levando em conta as circunstâncias nas quais é proposta, é contribuir para que a igualdade de direitos instituída formalmente pela lei torne-se efetiva e não seja obstruída pela desigualdade no desenvolvimento das faculdades do homem. Nesse sentido, a instrução pública deve almejar como resultado anular toda desigualdade que leve à dependência. O autor associa diretamente a liberdade dos cidadãos ao conhecimento, pois tem a convicção de que a ignorância e a desigualdade de instrução são uma das principais causas da tirania.

Três princípios devem governar o sistema de instrução pública: o acesso universal, a gratuidade, pelo menos no que diz respeito ao grau de instrução necessária para que cada cidadão possa assumir cargos públicos ou outras funções para as quais a sociedade o solicitar, e finalmente a independência.

A universalidade do acesso significa que deve ser oferecida uma "instrução comum" a todo cidadão, a fim de que cada um conheça seus direitos e seus deveres, sem ser obrigado a recorrer ao arbítrio de nenhum outro. Podem-se imaginar as implicações desta exigência, num país no qual, até aquele momento, a instrução era prerrogativa de uma minoria privilegiada, promovida sobretudo pelas ordens religiosas, e no qual portanto a maioria esmagadora do país permanecia inteiramente analfabeta.

Condorcet

Condorcet apresenta, na segunda memória, uma série de medidas práticas que garantam o acesso de todos ao sistema: é preciso então criar, em cada cidade, uma escola pública para o primeiro grau de instrução comum, que deve durar quatro anos. Para o segundo grau de instrução bastarão, para começar, escolas nos centros de uma certa divisão do território, de cada distrito, por exemplo (pois a Revolução também alterou as divisões políticas). O número de professores dependerá do número de alunos. Condorcet se demora em considerações sobre os livros apropriados para cada série e mesmo sobre livros para os professores, a relação da comunidade e dos pais com a escola, o método de ensinar em cada disciplina, a situação profissional mais adequada aos professores, sua seleção, seus salários (que serão pagos pelo tesouro público) e até a previsão de aposentadorias. Quase nada escapa de Condorcet no estabelecimento das condições para o funcionamento da instrução pública.

A gratuidade: embora a expressão "escola gratuita" não apareça nas *Memórias*, penso que a gratuidade está suposta, já que Condorcet afirma explicitamente que a escola e os professores serão mantidos às custas do tesouro público. Para o caso das crianças que necessitarem morar fora de sua cidade quando passam para a instrução secundária, elas ficarão numa espécie de casa e serão mantidas, quando possível, pelos pais. Para resolver o caso das crianças de pais pobres, o Estado manterá uma ou duas casas para crianças mantidas pela nação. Essas casas também poderão receber crianças mantidas por seus pais, e esta convivência entre os que pagam e não pagam, recebendo uma educação igual, certamente terá bons efeitos no fortalecimento dos hábitos relativos à igualdade.

Cinco memórias sobre a instrução pública

Finalmente, a questão da independência. Para Condorcet, o sistema de instrução pública deve ser inteiramente independente dos poderes religiosos, mas também dos poderes públicos. O caráter laico do ensino público não deve ser entendido apenas como independência em relação às religiões, mas também como independência em relação aos poderes políticos constituídos. Ele combate a concepção segundo a qual a educação é um processo de conversão do coração às expensas da razão. Ele recusa a idéia, presente em outros projetos de decreto à mesma época, de que cabe ao Estado ensinar nas escolas uma espécie de "catecismo republicano", cujos efeitos não seriam em alguns aspectos muito diferentes dos de um catecismo religioso, ou seja, o de obscurecer a razão, mesmo que se trate de um "obscurantismo virtuoso". O sistema de instrução pública não pode ensinar uma espécie de "religião política". De um lado, é preciso que os poderes públicos garantam uma legislação necessária para a instrução de todos, e, de outro, esses poderes não podem interferir no processo do ponto de vista da determinação dos conteúdos. Os professores serão pagos pelo Estado, mas deverão permanecer independentes dele do ponto de vista, diríamos, "ideológico". A educação não pode se confundir com propaganda política, sob o risco de dar origem a uma submissão intelectual. Acima de todas essas instituições escolares, uma sociedade nacional das ciências e das artes, cujos membros serão aqueles que se destacaram nas pesquisas nas diversas ciências, será a responsável pelo controle dos programas nos vários níveis de ensino. O acesso à sociedade nunca deverá obedecer a motivos políticos, mas sempre de mérito, e cada candidato será assim avaliado por seus pares. Em suma: para Condorcet, o processo de produção e de difu-

Condorcet

são de conhecimentos, desde a escola elementar até as sociedades científicas, precisa ser independente de qualquer interferência externa de natureza religiosa, política ou "ideológica".

Os efeitos gerais destes princípios, são, é claro, notáveis, do ponto de vista das condições que vigoravam no chamado Antigo Regime. Mas vale a pena ressaltar alguns efeitos particulares. Por exemplo, o caso da educação das mulheres. Para Condorcet, a educação dos dois sexos deve ser a mesma. Ele acrescenta, aliás, para os que crêem que as mulheres não têm aptidão para as ciências, que, em alguns domínios, a acuidade feminina é maior do que a dos homens. O acesso à mesma instrução dos homens dará às mulheres a capacidade e o direito de aceder a cargos públicos. E por que não? Aliás, Condorcet é um dos primeiros e poucos que, à época, pediu o direito de voto das mulheres, reinvidicação que, aliás, acabou só sendo atendida muito tempo depois na Europa (a nova constituição republicana francesa não lhes concedeu esse direito), e, em alguns países, como o Brasil, só no século XX.

Ele combateu também nas frentes contra a discriminação dos protestantes, dos judeus, pela abolição da escravidão nas colônias e pelo direito de cidadania dos negros.

Mas tanto os efeitos gerais quanto os particulares precisarão de um longo tempo para se manifestar. O que fazer com crianças instruídas em lares onde os pais são analfabetos? Isto não poderia provocar resultados nefastos? Daí surge, para Condorcet, a necessidade da instrução para os adultos, objeto da terceira memória. Essa educação, diferente daquela das crianças do ponto de vista do conteúdo, visará o conhecimento das leis e dos direitos, dos princípios ou motivos das leis propostas, a moral, a economia doméstica e rural, as partes

Cinco memórias sobre a instrução pública

das ciências que podem ser de utilidade comum. Do ponto de vista da sua organização, a educação dos adultos poderia aproveitar as escolas, nos fins de semana, e oferecer conferências ou aulas a eles destinadas, visitas a museus de História Natural, livros apropriados para adultos, para que possam aprender pela leitura, dicionários, almanaques, espetáculos e festas que são também um meio de instrução, enfim, processos menos rígidos do que os do sistema escolar, mas que pouco a pouco terão efeitos mais sensíveis. Como diz Condorcet, tudo estava ainda por fazer: pais dignos de serem professores, mães capazes de acompanhar a educação de seus filhos, mestres preparados para uma nova forma de ensino, livros destinados a um fim comum, bibliotecas, museus, distribuídos por todo o país, e tudo isto é obra do tempo e de um cuidado e atenção contínuos. Os adultos adquirirão pouco a pouco novas luzes e se libertarão de preconceitos.

Em 1793, já na clandestinidade, condenado pela hegemonia robespierrista, Condorcet escreverá, no *Esboço de um quadro histórico dos progressos do espírito humano*, que, um dia, "o sol só iluminará homens livres, que não reconhecerão nenhum senhor a não ser sua própria razão". A despeito do aparente otimismo ingênuo que esta passagem parece revelar, Condorcet não ignora que o estabelecimento de uma nova ordem exige medidas eficazes. Entre elas está o sistema de instrução pública, cujas bases ele estabeleceu nas *Cinco Memórias*, que ora apresentamos ao público brasileiro.

Maria das Graças de Souza

Primeira memória:
Natureza e objeto da instrução pública

A sociedade deve ao povo uma instrução pública

1 — *Como meio de tornar real a igualdade de direitos*

A instrução pública é um dever da sociedade para com os cidadãos.

Seria inútil declarar que todos os homens têm o mesmo direito; seria inútil que as leis respeitassem esse princípio fundamental da justiça eterna, se a desigualdade das faculdades morais impedisse a maioria de gozar desses direitos em toda a sua extensão.

O Estado social diminui necessariamente a desigualdade natural, fazendo que forças comuns concorram para o bem-estar dos indivíduos. Entretanto, esse bem-estar passa, ao mesmo tempo, a ser mais dependente das relações de cada homem com seus semelhantes, e os efeitos da desigualdade cresceriam na mesma proporção, se não pudéssemos tornar mais frágil e quase nula, em relação à felicidade e aos direitos comuns, aquela desigualdade que nasce da diferença entre os espíritos.

Essa obrigação consiste em não deixar subsistir nenhuma desigualdade que leve à dependência.

É impossível que uma instrução, mesmo quando igual para todos, não aumente a superioridade daqueles a quem a natureza favoreceu com uma organização mais feliz. Mas, para a manutenção da igualdade de direitos, basta que essa superioridade não traga uma dependência real, e que cada um seja suficientemente instruído para exercer por si mesmo, e sem se submeter cegamente à razão de outro, aqueles direitos cujo gozo é garantido pela lei. Desse modo, a superioridade de alguns homens, longe de ser um mal para aqueles que não receberam as mesmas vantagens, contribuirá para o bem de todos, e os talentos, bem como as luzes, tornar-se-ão patrimônio comum da sociedade.

Assim, por exemplo, aquele que não sabe escrever e ignora a Aritmética depende realmente do homem mais instruído, ao qual é obrigado a recorrer sempre. Ele não é igual aos outros a quem a educação ofereceu tais conhecimentos; não pode exercer os mesmos direitos, com a mesma extensão e com a mesma independência. Aquele que não é instruído sobre as leis básicas que regulam o direito de propriedade não goza desse direito da mesma forma que aquele que as conhece; nas discussões que surgissem entre eles, não combateriam com armas iguais.

No entanto, o homem que sabe as regras da Aritmética necessárias ao uso da vida não está na dependência do estudioso que possui, no mais alto grau, o gênio das ciências matemáticas e cujo talento lhe será de uma utilidade muito real, sem nunca poder atrapalhar o primeiro no gozo de seus direitos. O homem que foi instruído nos elementos da lei civil não está na dependência do jurisconsulto mais esclarecido, cujos conhecimentos só podem ajudar o primeiro, e não sujeitá-lo.

A desigualdade de instrução
é uma das principais fontes de tirania.

Nos séculos de ignorância, à tirania da força acrescentava-se a tirania das luzes fracas e incertas, porém concentradas exclusivamente em algumas classes pouco numerosas. Os padres, os jurisconsultos, os homens que detinham o segredo das operações de comércio, os médicos, mesmo formados num pequeno número de escolas, não eram menos senhores do mundo do que os guerreiros armados dos pés à cabeça, e o despotismo hereditário desses guerreiros era, ele mesmo, fundado sobre a superioridade que lhes era dada, antes da invenção da pólvora, pelo seu aprendizado exclusivo da arte de manejar as armas.

Foi assim que, entre os egípcios e entre os indianos, as castas que haviam reservado para si o conhecimento dos mistérios e dos segredos da natureza tinham conseguido exercer, sobre esses povos infelizes, o despotismo mais absoluto que a imaginação humana pode conceber. Foi assim que, até mesmo em Constantinopla, o despotismo militar dos sultões foi forçado a ceder diante do prestígio dos intérpretes do Alcorão. Sem dúvida, não precisamos temer hoje em dia os mesmos perigos no resto da Europa, onde as luzes não podem concentrar-se numa casta hereditária nem numa corporação exclusiva. Não é mais possível aqui a existência de doutrinas ocultas ou sagradas que estabelecem uma distância imensa entre duas partes de um mesmo povo.

Todavia, esse grau de ignorância no qual o homem, tornando-se presa do charlatão que quer seduzi-lo e não podendo defender por si mesmo seus interesses, é obrigado a entregar-se cegamente a guias que não pode julgar nem escolher, e o estado de dependência servil, que é a sua conseqüência, subsistem ainda em quase todos os povos em relação à maioria, para a qual, desse modo, a liberdade e a igualdade só podem ser palavras que ouve, e não direitos dos quais saiba usufruir.

2 – Para diminuir a desigualdade que nasce da diferença dos sentimentos morais.

Há ainda uma outra desigualdade cujo único remédio é uma instrução igualmente distribuída. Quando a lei torna os homens iguais, a única distinção que os divide em várias classes é a que vem de sua educação. Essa desigualdade não se deve à diferença de luzes, mas à das opiniões, dos gostos, dos sentimentos, que é sua conseqüência inevitável. O filho do rico não será da mesma classe que o filho do pobre, se nenhuma instituição pública aproximá-los pela instrução, e a classe que receber uma instrução mais cuidada terá necessariamente costumes mais amenos, uma probidade mais delicada, uma honestidade mais escrupulosa; suas virtudes serão mais puras; seus vícios, ao contrário, serão menos revoltantes, sua corrupção menos repugnante, menos bárbara e menos incurável. Haverá, pois, uma distinção real, que as leis não poderão destruir, e que, estabelecendo uma verdadeira separação entre os que possuem luzes e os que delas são privados, constituirá um instrumento de poder para uns e não um meio de felicidade para todos.

Cinco memórias sobre a instrução pública

O dever da sociedade, relativamente à obrigação de estender de fato, tanto quanto for possível, a igualdade de direitos, consiste, por conseguinte, em proporcionar a cada homem a instrução necessária a exercer as funções comuns do homem, do pai de família e do cidadão, para sentir e conhecer todos os seus deveres.

3 — Para aumentar, na sociedade, a quantidade de conhecimentos úteis.

Quanto mais os homens forem dispostos, pela educação, a raciocinar com justeza, a apreender as verdades que lhes são apresentadas, a rejeitar os erros dos quais se quer fazê-los vítimas, mais também uma nação, que veria dessa forma as luzes se ampliarem cada vez mais e difundirem-se num maior número de indivíduos, deve esperar obter e conservar as boas leis, uma sábia administração e uma constituição verdadeiramente livre.

Portanto, é ainda um dever da sociedade oferecer a todos os meios de adquirir os conhecimentos que todos possam obter com a força de sua inteligência e com o tempo que puderem empregar para se instruir. Sem dúvida, disso resultará uma diferença maior em favor daqueles que possuem mais talento natural e a quem uma sorte independente deixa a liberdade de se consagrar mais anos ao estudo; mas, se essa desigualdade não submeter um homem a outro, se ela oferecer apoio ao mais fraco sem lhe impor um mestre, ela não será um mal nem uma injustiça; e certamente um amor pela igualdade que temesse aumentar o número de homens esclarecidos e tivesse medo de estender as luzes seria um amor bem funesto.

Condorcet

A sociedade deve igualmente uma instrução pública relativa às diversas profissões

1 — Para manter maior igualdade entre aqueles que a elas se dedicam

No estado atual das sociedades, os homens encontram-se divididos em profissões diversas, das quais cada uma exige conhecimentos particulares.

Os progressos nessas profissões contribuem para o bem-estar comum, e é útil, para a igualdade real, que se abram os caminhos desses conhecimentos para aqueles cujo gosto e cujas faculdades os orientariam para tais ofícios, mas que, por falta de instrução pública, seriam afastados deles por sua pobreza ou condenados a uma eterna mediocridade e, a partir daí, à dependência. O poder público deve, portanto, contar entre seus deveres o de assegurar, facilitar e multiplicar os meios para a aquisição desses conhecimentos. E este dever não se limita à instrução relativa às profissões que podem ser consideradas como uma espécie de função pública. Ele se estende sobre as profissões que os homens exercem para sua própria utilidade, sem pensar na influência que elas podem ter sobre a prosperidade geral.

2 — Para tornar essas profissões igualmente úteis

Essa igualdade de instrução contribuiria para a perfeição das artes, e não somente destruiria a desigualdade que a fortuna estabelece entre os homens que vierem a ela se dedicar, como também criaria uma outra espécie de igualdade mais geral, que

Cinco memórias sobre a instrução pública

é a igualdade no bem-estar. Importará pouco para a felicidade comum que alguns homens devam à sorte os prazeres que procuram, se todos puderem satisfazer suas necessidades com facilidade e reunir, em sua habitação, suas roupas, sua alimentação, em todos os hábitos de sua vida, a salubridade, a higiene, e mesmo a comodidade ou seu prazer. Ora, o único meio de atingir tal objetivo é levar a produção das artes, mesmo as artes mais comuns, a uma espécie de perfeição. Assim, um grau maior de beleza, de elegância ou de delicadeza naquelas que se destinam apenas à minoria dos ricos, longe de ser um mal para aqueles que delas não usufruem, até mesmo contribui para seu benefício, favorecendo o progresso da indústria, animada pela emulação. Todavia, esse bem não existiria se a primazia nas artes fosse unicamente a partilha de alguns homens que puderam receber uma instrução mais contínua, e não uma superioridade que, numa instrução mais ou menos igual, tivesse sido dada pelo talento natural. O operário ignorante só produz obras defeituosas em si mesmas; mas aquele que não é inferior, a não ser pelo talento, pode sustentar a concorrência em tudo o que não exige os últimos recursos da arte. O primeiro é um mau operário; o segundo é tão-somente um pouco pior do que os outros.

3 – Para diminuir perigos aos quais algumas profissões expõem os homens

Pode-se considerar ainda, como uma conseqüência dessa instrução geral, o benefício de tornar menos insalubres as diversas profissões. Os meios de evitar as doenças causadas pelas profissões são mais simples e mais comuns do que se imagina normalmente. A grande dificuldade é fazer que esses meios sejam adotados pelos homens, que, acostumados com a rotina de sua profissão, ficam embaraçados com a menor mudança e não têm a flexibilidade que só uma prática refletida pode oferecer. Forçados a escolher entre uma perda de tempo, que diminui seu ganho, e uma precaução, que garantiria a sua vida, preferem um perigo longínquo ou incerto a uma privação presente.

4 — Para acelerar o seu progresso

Essa instrução seria também um meio de libertar aqueles que cultivam as diversas profissões e aqueles que as exercem de uma grande quantidade de pequenos segredos, dos quais a prática de todas as artes está infectada, que interrompem seu progresso e oferecem um alimento eterno à má-fé e à charlatanice.

Enfim, se as descobertas práticas mais importantes são em geral devidas à teoria das ciências cujos preceitos dirigem as artes, há uma série de invenções de detalhes que só os artistas podem procurar, porque só eles conhecem sua necessidade e seus benefícios. Ora, a instrução que receberão lhes tornará essa busca mais fácil; ela impedirá, sobretudo, que se percam no caminho. Na falta dessa instrução, aqueles a quem a natureza concedeu o talento da invenção, longe de poder considerar tal talento como um benefício, só encontram nele causa de ruína. Ao invés de verem sua fortuna aumentar pelo fruto de suas descobertas, eles a consomem em buscas estéreis e, ao tomar falsos caminhos, cujos perigos sua ignorância não permite perceber, acabam por cair na loucura e na miséria.

Cinco memórias sobre a instrução pública

A sociedade deve ainda a instrução pública como meio de aperfeiçoar a espécie humana

1 — *Ao colocar os homens de gênio em condições de desenvolvê-la*

Foi pela descoberta sucessiva das verdades de todas as ordens que as nações civilizadas escaparam da barbárie e de todos os males que acompanham a ignorância e os preconceitos. É pela descoberta de verdades novas que a espécie humana continuará a se aperfeiçoar. Como cada uma dessas verdades nos leva a outra, como cada passo, ao nos colocar diante de obstáculos, nos comunica ao mesmo tempo uma nova força, é impossível assinalar um termo para esse aperfeiçoamento.

É, por conseguinte, um verdadeiro dever favorecer a descoberta de verdades especulativas, como o único meio de levar sucessivamente a espécie humana aos diversos graus de perfeição e, conseqüentemente, de felicidade, aos quais a natureza lhe permite aspirar. Esse dever se torna ainda mais importante diante do fato de que o bem só pode ser durável se fizermos progressos em direção ao melhor, e que é preciso avançar em direção à perfeição ou então se expor a ser arrastado para trás pelo choque contínuo e inevitável das paixões, dos erros e dos acontecimentos.

Até hoje, apenas um pequeno número de indivíduos recebe em sua infância uma instrução que lhe possibilita desenvolver todas as suas faculdades naturais. Apenas um centésimo das crianças pode se vangloriar de ter obtido esse benefício, e a experiência provou que aqueles a quem a sorte recusou essa vantagem e que, pela força de seu gênio, auxiliada por um aca-

25

so feliz, chegaram à condição de se instruir, permaneceram abaixo de si mesmos. Nada repara a falta dessa primeira educação, que é a única que pode dar o hábito do método e essa variedade de conhecimentos tão necessária para que nos elevemos à altura que poderíamos nos vangloriar de atingir.

Seria, pois, importante ter uma forma de instrução pública que não deixasse escapar nenhum talento sem ser percebido e que oferecesse, nesse sentido, todos os auxílios reservados até hoje apenas aos filhos dos ricos. Isso havia sido pressentido mesmo nos séculos de ignorância. Daí vinham todas as fundações para a educação dos pobres. Mas tais instituições, manchadas pelos preconceitos dos tempos em que nasceram, não apresentavam nenhuma precaução para que fosse oferecida aos indivíduos uma instrução capaz de tornar-se um benefício público. Essas instituições eram uma espécie de loteria, que oferecia a alguns indivíduos privilegiados um benefício incerto de elevar-se a uma classe superior; faziam pouco pela felicidade daqueles que favoreciam e nada para a utilidade comum.

Vendo aquilo que o gênio soube realizar, apesar de todos os obstáculos, pode-se imaginar o progresso que o espírito humano teria feito se uma instrução mais bem dirigida tivesse pelo menos centuplicado o número dos inventores.

É verdade que dez homens, partindo do mesmo ponto, não farão na ciência dez vezes mais descobertas e, sobretudo, não irão dez vezes mais longe do que um deles sozinho. No entanto, os verdadeiros progressos das ciências não se limitam a avançar para a frente; consistem também em estender-se em torno do mesmo ponto, em reunir um número cada vez maior de verdades encontradas pelos mesmos métodos e em conse-

Cinco memórias sobre a instrução pública

qüência dos mesmos princípios. Freqüentemente, acontece que só depois de tê-las esgotado é que se torna possível ir além. E, deste ponto de vista, o número dessas descobertas secundárias traz um progresso real.

É preciso observar ainda que, ao multiplicar o número de homens ocupados com uma mesma espécie de verdades, aumenta-se a esperança de que se encontrem novas, porque a diferença entre os espíritos pode corresponder à diferença entre as dificuldades, e o acaso, que quase sempre influi sobre a escolha dos objetos de nossas investigações e mesmo sobre os métodos, deve, portanto, produzir um número maior de combinações favoráveis. Além disso, o número de gênios destinados a criar métodos, a abrir novos caminhos, é muito menor do que o número dos talentos dos quais se podem esperar descobertas pontuais. E a sucessão dos primeiros, em vez de ser freqüentemente interrompida, tornar-se-á tanto mais rápida quanto se tiver dado a um maior número de jovens espíritos os meios de cumprir o seu destino. Enfim, essas descobertas pontuais são úteis, especialmente por suas aplicações, e entre o gênio que inventa e os práticos que transformam essas invenções em utilidade comum sempre resta um intervalo a ser percorrido, que normalmente não pode ser superado sem as descobertas de um trabalho inferior.

Assim, enquanto uma parte da instrução colocaria os homens comuns em condições de aproveitar do trabalho dos gênios e de empregá-los, seja para as suas necessidades, seja para sua felicidade, uma outra parte dessa mesma instrução teria por objetivo estimular os talentos preparados pela natureza, aplainar seus obstáculos e ajudá-los em sua marcha.

Condorcet

2 – *Preparando as novas gerações pela cultura daquelas que as precedem*

A espécie de aperfeiçoamento que se deve esperar de uma instrução mais igualmente distribuída talvez não se limite a valorizar, tanto quanto for possível, os indivíduos nascidos com faculdades naturais iguais. Não é tão quimérico quanto possa parecer, à primeira vista, crer que a cultura pode melhorar as gerações e que o aperfeiçoamento das faculdades dos indivíduos é transmissível a seus descendentes. A própria experiência parece provar isso. Os povos que escaparam da civilização, mesmo estando rodeados de nações esclarecidas, não parecem elevar-se ao nível destas últimas, no momento em que lhes foram oferecidos meios iguais de instrução. A observação de raças de animais sujeitados ao homem parece ainda oferecer uma analogia favorável a essa opinião. A educação que se lhes dá não muda somente seu tamanho, sua forma exterior, suas qualidades puramente físicas; ela parece influir sobre suas disposições naturais, sobre o caráter dessas diversas raças.

É, pois, muito simples pensar que, se várias gerações receberem uma educação dirigida a um fim constante e se cada um daqueles que as forma cultivar seu espírito pelo estudo, as gerações seguintes nascerão com uma facilidade maior para receber a instrução e mais aptidão para aproveitá-la. Qualquer que seja a opinião que se tenha sobre a natureza da alma, ou qualquer que seja o ceticismo no qual tenhamos permanecido, seria difícil negar a existência de órgãos intelectuais intermediários, necessários até mesmo para os pensamentos que mais parecem afastar-se das coisas sensíveis. Entre aqueles que se

Cinco memórias sobre a instrução pública

dedicaram a meditações profundas, não há ninguém para quem a existência desses órgãos não tenha se manifestado pela fadiga que experimentam. Seu grau de força ou de flexibilidade, embora não seja independente do resto da constituição, não é, contudo, proporcionado à saúde nem ao vigor, seja do corpo, seja dos sentidos. Desse modo, a intensidade de nossas faculdades é ligada, pelo menos em parte, à perfeição dos órgãos intelectuais, e é natural que se creia que essa perfeição não é independente do estado em que se encontram nas pessoas que nos transmitem a existência.

Não se deve, pois, considerar um obstáculo a esse aperfeiçoamento indefinido a imensa quantidade de verdades acumuladas numa longa seqüência de séculos. Os métodos para reduzi-las a verdades gerais, ordená-las segundo um exemplo simples e abreviar a sua expressão, por meio de fórmulas mais precisas, são também suscetíveis dos mesmos progressos, e quanto mais verdades o espírito humano tiver descoberto, mais se tornará capaz de retê-las e combiná-las em número maior.

Se esse aperfeiçoamento indefinido de nossa espécie for, como eu creio que é, uma lei geral da natureza, o homem não deve mais se considerar um ser limitado a uma existência passageira e isolada, condenada a desaparecer após uma alternância de felicidade e infelicidade para si, de bem e de mal para aqueles que o acaso colocou junto dele; ele se torna uma parte do grande todo e colaborador numa obra eterna. Numa existência de um momento, num ponto do espaço, ele pode, por seu trabalho, unir-se a todos os séculos e agir ainda por muito tempo depois que sua memória tiver desaparecido da terra.

Não nos vangloriemos de nossas luzes. No entanto, pode-se observar o estado de nossas sociedades sem descobrir, em nossas opiniões, em nossos hábitos, os restos dos preconceitos de vinte povos esquecidos, cujos erros escaparam dos tempos e sobreviveram às revoluções? Eu poderia citar, por exemplo, nações onde há relógios e filósofos, e nas quais, todavia, se consideram obras-primas da sabedoria humana instituições introduzidas pela necessidade, quando a arte da escrita ainda não existia; ou, onde se emprega, para medir o tempo, num ato público, os primeiros meios que apareceram para os povos selvagens. Poderíamos deixar de perceber que distância imensa os separa do termo de perfeição que nós já vemos, ao longe, cujo gênio nos abriu e aplainou o caminho e para o qual sua infatigável atividade nos arrasta, enquanto um espaço mais vasto ainda deve se revelar aos olhos de nossos descendentes? Poderíamos não ser igualmente afetados por tudo o que nos resta destruir e por tudo o que um futuro, mesmo próximo, oferece para as nossas esperanças?

A instrução pública é, além disso, necessária para preparar as nações para as mudanças que o tempo deve trazer.

Mudanças na temperatura de um país, nas qualidades do solo, causadas, seja por leis gerais da natureza, seja pelo efeito de trabalhos contínuos, novas culturas, as descobertas de novos procedimentos nas artes, a introdução de máquinas, o crescimento, enfim, ou a diminuição da população, devem produzir revoluções mais ou menos importantes, quer nas relações dos cidadãos entre si, quer nas relações com países estrangeiros. Podem resultar disso novos bens, dos quais devemos estar prontos para aproveitar, ou males, que é preciso saber reparar, desviar ou prevenir. Seria, pois, necessário poder pressenti-los

Cinco memórias sobre a instrução pública

e se preparar de antemão para mudar os hábitos. Uma nação que se governasse sempre pelas mesmas máximas e cujas instituições não se dispusessem a ceder, diante de mudanças, efeitos necessários de revoluções trazidas pelo tempo, veria sua ruína nascer das mesmas opiniões, dos mesmos meios que haviam antes assegurado sua prosperidade. Só o excesso do mal pode corrigir uma nação entregue à rotina, ao passo que aquela nação que, por meio de uma instrução geral, tornar-se digna de obedecer às ordens da razão, que não for submissa a esse jugo de ferro que o hábito impõe à estupidez, aproveitará as primeiras lições da experiência e até mesmo prevenirá esses males. Assim como o indivíduo obrigado a afastar-se do lugar que o viu nascer tem necessidade de adquirir mais idéias do que aquele que permanece no mesmo lugar, e deve, à medida que se afasta, procurar para si novos recursos, da mesma forma as nações que avançam através dos séculos têm necessidade de uma instrução que, renovando-se e corrigindo-se sem cessar, siga a marcha do tempo, previna-a, algumas vezes, e não a contrarie jamais.

As revoluções trazidas pelo aperfeiçoamento geral da espécie humana devem sem dúvida conduzi-la à razão e à felicidade. Entretanto, quantos males serão necessários para comprar essa felicidade? Quantos males nossa época evitaria se uma instrução geral aproximasse os homens uns dos outros, se o progresso das luzes sempre desigualmente difundidas não se tornasse o alimento de uma guerra eterna de avareza e astúcia entre as nações, bem como entre as diversas classes de um mesmo povo, ao invés de uni-los por essa reciprocidade fraterna de necessidades e serviços, fundamento de uma felicidade comum?

Divisão da instrução pública em três partes.

A partir de todas essas reflexões, nasce a necessidade de três espécies muito distintas de instrução.

Em primeiro lugar, uma instrução comum, na qual se deve propor:

1. ensinar a cada um, segundo o grau de sua capacidade e a duração do tempo do qual pode dispor, o que é bom para todos, quaisquer que sejam sua profissão e seus gostos;

2. assegurar um meio de conhecer as disposições particulares de cada indivíduo, a fim de que se possa tirar proveito dessas disposições para o benefício geral;

3. preparar os alunos para os conhecimentos exigidos pela profissão à qual se destinam.

A segunda espécie de instrução deve ter como objeto estudos relativos às diversas profissões cujo aperfeiçoamento seja útil tanto para o benefício comum quanto para o bem-estar particular daqueles que a elas se dedicam.

A terceira, enfim, puramente científica, deve formar aqueles que a natureza destina ao aperfeiçoamento da espécie humana e, dessa maneira, facilitar as descobertas, acelerá-las e multiplicá-las.

Necessidade de distinguir, em cada uma delas, a instrução das crianças daquela dos adultos.

Essas três espécies de instrução dividem-se ainda em duas partes. Com efeito, é preciso inicialmente ensinar às crianças o que lhes é útil saber, quando vierem a usufruir de seus direitos, quando vierem a exercer de modo independente as profis-

Cinco memórias sobre a instrução pública

sões para as quais se destinam. No entanto, há uma outra espécie de instrução que deve abarcar toda a vida. A experiência provou que não havia meio termo entre fazer progressos ou perder. O homem que, ao terminar sua educação, não continuar a fortalecer sua razão, alimentar com novos conhecimentos os que já adquiriu, corrigir os erros ou retificar as noções incompletas que tiver recebido, logo verá desaparecer todo o fruto de seu trabalho dos primeiros anos, e o tempo apagaria as primeiras impressões que não tivessem sido renovadas por outros estudos. O próprio espírito, perdendo o hábito da aplicação, perderia flexibilidade e força. Mesmo para aqueles cuja profissão, necessária à subsistência, deixa menos liberdade, o tempo de educação não é, com poucas diferenças, tudo o que eles podem se oferecer como instrução. Enfim, a descoberta de novas verdades, o desenvolvimento, o progresso ou a aplicação das verdades já conhecidas, a série dos acontecimentos, as mudanças nas leis e nas instituições devem trazer circunstâncias nas quais se torna útil, e até mesmo indispensável, acrescentar novas luzes às da educação. Não basta, pois, que a instrução forme homens; é preciso que ela conserve e aperfeiçoe aqueles que formou, que os esclareça, preserve-os do erro, impeça-os de recair na ignorância; é preciso que a porta do templo da verdade esteja aberta para todas as idades, e que, se a sabedoria dos pais preparou a alma das crianças para escutar seus oráculos, elas saibam sempre reconhecer a sua voz, e não sejam absolutamente, no resto de suas vidas, expostas a confundi-la com os sofismas da impostura. A sociedade deve, portanto, preparar meios fáceis e simples de se instruir, para todos aqueles a quem a fortuna não proporciona esses meios e para quem uma primeira educação não colocou em condições de distinguir por si mesmos e procurar as verdades cujo conhecimento lhes for útil.

Necessidade de dividir a instrução em vários graus, segundo a capacidade natural e o tempo que se pode dedicar a se instruir.

As crianças, conforme a riqueza de seus pais, as circunstâncias em que se encontram suas famílias, a condição à qual estão destinadas, podem dedicar mais ou menos tempo para sua instrução. Nem todos os indivíduos nascem com faculdades iguais e, mesmo ensinados pelos mesmos métodos, pelo mesmo número de anos, nem todos aprenderão as mesmas coisas. Procurar fazer que aqueles que têm menos facilidade e talento possam aprender mais, longe de diminuir os efeitos dessa desigualdade, só fará aumentá-la. Não é aquilo que se aprendeu que é útil, mas o que se reteve e, sobretudo, o que se conseguiu tornar seu, quer pela reflexão, quer pelo hábito.

A soma dos conhecimentos que convém dar a cada homem deve, por conseqüência, ser proporcional não somente ao tempo que ele pode dedicar ao estudo, mas também à força de sua atenção, à extensão e à duração de sua memória, à facilidade e à precisão de sua inteligência. A mesma observação pode igualmente aplicar-se à instrução que tem por objeto as profissões particulares e mesmo aos estudos verdadeiramente científicos.

Ora, uma instrução pública é necessariamente a mesma para todos os indivíduos que a recebem ao mesmo tempo. Não há como, portanto, levar em conta essas diferenças, a não ser estabelecendo várias trajetórias de instrução, graduadas segundo tais perspectivas, de tal modo que cada aluno percorra um

Cinco memórias sobre a instrução pública

número maior ou menor dos graus, segundo o tempo que puder empregar e segundo sua facilidade para aprender. Três tipos de estabelecimentos parecem bastar para a instrução geral, e dois para aquela que é relativa, seja às diversas profissões, seja às ciências.

Cada um desses tipos de estabelecimento pode ainda prestar-se a vários graus de instrução, oferecendo a facilidade de encerrar o número de assuntos de que pode tratar e avançar mais ou menos os limites de cada um. Assim, um pai sábio, que cumpre suas funções, poderia adaptar a instrução comum às diversas disposições dos alunos e à finalidade de sua educação, segundo sua facilidade natural e o desejo ou interesse em se esclarecer. Nas instituições estabelecidas para os homens, cada um encontraria, da mesma forma, uma instrução proporcional a suas necessidades. Dessa maneira, uma educação destinada a todos pela eqüidade não seria mais estabelecida apenas para um pequeno número de pessoas favorecidas pela natureza ou pela fortuna.

Motivos para estabelecer diversos graus da instrução comum

1 — *Tornar os cidadãos capazes de cumprir funções públicas, a fim de que essas funções não se tornem uma profissão*

Há três motivos principais para multiplicar o número de graus da instrução comum.

Nas profissões particulares, nas quais aqueles que a elas se dedicam têm como interesse principal o lucro ou a glória, e nas quais as relações com os outros homens são sempre de

Condorcet

indivíduo a indivíduo, a utilidade comum exige que elas se subdividam cada vez mais, porque uma profissão mais delimitada pode ser mais bem exercida, mesmo com igualdade de capacidade e de trabalho. O mesmo não ocorre com as profissões que, exigindo relações diretas com toda a sociedade e agindo sobre ela, são verdadeiras funções públicas.

Quando a confecção das leis, os trabalhos administrativos, a função de julgar tornam-se profissões particulares, reservadas àqueles que são preparados por estudos próprios a cada uma delas, então não se pode mais dizer que reina uma verdadeira liberdade. Forma-se necessariamente, na nação, uma espécie de aristocracia, não de talentos e de luzes, mas de profissões. É dessa forma que, na Inglaterra, a profissão de homem da lei chegou a concentrar, entre seus membros, quase todo o poder real. O país mais livre é aquele no qual um maior número de funções públicas pode ser exercido por aqueles que só receberam uma instrução comum. É preciso, pois, que as leis procurem tornar mais simples o exercício dessas funções e que, ao mesmo tempo, um sistema de educação sabiamente organizado dê à instrução comum toda a extensão necessária para tornar dignos de exercê-las todos aqueles que dela souberam aproveitar.

2 – Para que a divisão dos ofícios e das profissões não conduza os povos à estupidez

O Sr. Smith observou que, quanto mais as profissões mecânicas se dividiam, mais o povo ficava exposto a contrair essa estupidez natural aos homens limitados a um pequeno número de idéias de um mesmo gênero. A instrução é o único

Cinco memórias sobre a instrução pública

remédio para esse mal, que é tanto mais perigoso para o Estado quanto maior for a igualdade aí estabelecida pela lei. Na verdade, se ela se estende para além dos direitos puramente pessoais, a sorte da nação dependerá, em parte, de homens sem condições de serem dirigidos por sua razão e de ter uma vontade que lhes pertença. As leis pronunciam a igualdade de direitos. Só as instituições de instrução podem tornar essa igualdade real. Aquela que é fixada pelas leis é ordenada pela justiça; mas somente a instrução pode fazer que esse princípio de justiça não fique em contradição com aquele que prescreve não atribuir aos homens a não ser os direitos cujo exercício, conforme a razão e o interesse comum, não firam os direitos de outros membros da mesma sociedade. É necessário, assim, que um dos graus da instrução comum torne todos os homens dotados de uma capacidade ordinária, capazes de exercer todas as funções públicas, e que um outro grau exija tão-somente o tempo que um indivíduo, destinado ao grupo menor de uma profissão mecânica, possa sacrificar ao estudo, a fim de que ele possa escapar da estupidez, não pela extensão, mas pela escolha e a justeza das noções que vier a receber.

Se não for assim, seria introduzida uma desigualdade muito real, fazendo do poder o patrimônio exclusivo dos indivíduos que pudessem pagar por ele, ao se dedicarem a certas profissões, ou então os homens seriam abandonados à autoridade da ignorância, sempre injusta e cruel, sempre submetida à vontade corrompida de algum tirano hipócrita. O fantasma impostor da igualdade só seria mantido sacrificando a propriedade, a liberdade, a segurança aos caprichos de agitadores ferozes de uma multidão perdida e estúpida.

3 — *Para diminuir, por meio de uma instrução geral, a vaidade e a ambição*

É um grande mal, numa sociedade numerosa, a avidez turbulenta com a qual aqueles que, não empregando seu tempo trabalhando pela sua subsistência ou para se enriquecer, buscam as funções que dão poder ou adulam a vaidade. Tão logo um homem adquire alguns conhecimentos pela metade, imediatamente quer governar sua cidade ou pretende esclarecê-la. Considera-se inútil e quase vergonhosa a vida de um cidadão que, sempre ocupado com seus negócios, fica tranqüilo no seio da família, preparando a felicidade de seus filhos, cultivando suas amizades, exercendo a benevolência, fortalecendo sua razão com novos conhecimentos e sua alma com novas virtudes. Entretanto, é difícil esperar que uma nação possa gozar de uma calma liberdade e aperfeiçoar suas leis e suas instituições, se nela não se multiplicar essa classe de homens cuja imparcialidade, desinteresse e luzes devem orientar a opinião. Só eles podem erguer uma barreira contra o charlatanismo, a hipocrisia, que, sem essa resistência útil, se apossariam de todas as funções. Aqueles que, por seus talentos e virtudes, são chamados para tais cargos, não poderiam, sem esse auxílio, combater a intriga senão com desvantagem. Com efeito, um instinto natural sempre inspirará nos homens pouco esclarecidos uma espécie de desconfiança em relação aos que aspirarão a obter seus votos: podendo julgar somente a partir de suas luzes, acreditarão nos concorrentes por si mesmos ou por seus rivais? Por acaso não desconfiarão de suas opiniões, nas quais suporão um interesse escondido, com tanto mais facilidade quanto o fato de que, se esse interesse realmente

Cinco memórias sobre a instrução pública

existisse, eles não o distinguiriam? Torna-se necessário, pois, que a confiança dos cidadãos comuns possa se depositar em homens que a nada aspiram e que estejam em condições de guiar suas escolhas.

No entanto, essa classe de homens só pode existir num país no qual a instrução pública ofereça a um grande número de indivíduos a facilidade de adquirir esses conhecimentos que consolam e embelezam a vida, que impedem de sentir o peso do tempo e a fadiga do repouso. Num tal país, esses nobres amigos da verdade podem multiplicar-se de modo suficiente para serem úteis e encontrar, na sociedade de seus iguais, um encorajamento para a sua modesta e tranqüila carreira. É aí somente que, como os conhecimentos comuns não oferecem esperanças sedutoras para a ambição, haverá necessidade de uma virtude comum para consentir em ser apenas um homem honesto e um cidadão esclarecido.

O que acabamos de dizer sobre a instrução das crianças aplica-se igualmente à dos adultos. É necessário que ela possa ser proporcional à sua capacidade natural, à extensão de sua primeira instrução e ao tempo que podem ou que ainda querem dedicar ao estudo, a fim de que se estabeleça toda igualdade que pode existir entre coisas naturalmente desiguais, ou seja, a igualdade que exclui, não a superioridade, mas a dependência. Sob uma constituição fundada sobre princípios injustos e na qual, todavia, uma mistura hábil de monarquia e de aristocracia asseguraria a tranqüilidade e o bem-estar do povo, cuja liberdade destruiria, uma instrução pública geral seria sem dúvida útil; porém, o Estado poderia conservar, sem ela, a paz e até mesmo uma espécie de prosperidade. Não obstante, uma constituição verdadeiramente livre, pela qual todas as classes da sociedade

Condorcet

gozariam dos mesmos direitos, não pode subsistir se a ignorância de uma parte dos cidadãos não lhes permite conhecer sua natureza e seus limites, obriga-os a se pronunciar sobre o que não conhecem, a escolher quando não podem julgar. Tal constituição se destruiria a si mesma após algumas tempestades e degeneraria numa dessas formas de governo que não podem conservar a paz no seio de um povo ignorante e corrompido.

Necessidade de examinar à parte cada divisão e cada grau de instrução.

Para cada uma das numerosas divisões que acabam de ser estabelecidas, é necessário examinar: 1 – quais devem ser os objetos da instrução e a que termo convém interrompê-la; 2 – quais os livros que devem servir para cada ensino e que outros meios é preciso acrescentar a eles; 3 – quais devem ser os métodos de ensino; 4 – que mestres devem ser escolhidos, por quem devem ser escolhidos e como se deve escolhê-los.

Com efeito, essas diversas questões não devem ser resolvidas da mesma forma para cada uma das divisões que acabam de ser distinguidas. O verdadeiro espírito sistemático não consiste em estender ao acaso as aplicações de uma mesma máxima, mas em derivar dos mesmos princípios as regras próprias a cada objeto. Ele é o talento de comparar, sob todas as suas faces, todas as idéias justas e verdadeiras que se oferecem à meditação, de extrair delas todas as combinações novas e profundas aí escondidas, e não a arte de generalizar combinações formadas ao acaso do pequeno número de idéias que se apresentam em primeiro lugar. Dessa maneira, no sistema do mundo, os astros, submetidos por uma lei comum a uma depen-

Cinco memórias sobre a instrução pública

dência recíproca, movem-se cada um numa órbita diferente, seguem direções diversas e, levados por velocidades que mudam a cada instante, apresentam, como resultado de um mesmo princípio, uma inesgotável variedade de aparências e de movimentos.

Questões preliminares a serem resolvidas.

Porém, antes de entrar nesses detalhes, deve-se determinar: I — se a educação pública, instituída por um poder nacional, deve limitar-se à instrução; 2 — até onde se estendem, a respeito dessa instrução, os direitos do poder público; 3 — se a instrução deve ser a mesma para os dois sexos ou se, para cada um, são necessários estabelecimentos particulares.

A educação pública deve limitar-se à instrução

1 — Porque a diferença necessária dos trabalhos e das fortunas impede que se lhe dê uma amplitude maior

A educação pública deve limitar-se à instrução? Encontramos, entre os antigos, uma educação comum, na qual todos os jovens cidadãos, considerados filhos da república, eram por ela educados, e não por sua família ou por si mesmos. Vários filósofos traçaram o quadro de instituições semelhantes. Acreditavam encontrar nesse modelo um meio de conservar a liberdade e as virtudes republicanas, que viam constantemente desaparecer dos países, onde, depois de um pequeno número de gerações, haviam brilhado com esplendor; mas esses princípios não podem aplicar-se às nações modernas. Essa igualdade absoluta na educação só pode existir entre os povos nos quais os trabalhos da sociedade são exercidos pelos escravos. É sempre supondo uma nação aviltada que os antigos procuraram os meios de elevar uma outra a todas as virtudes das quais a natureza humana é capaz. Como a igualdade que queriam estabelecer entre os cidadãos tinha constantemente por base a desigualdade monstruosa entre o escravo e o senhor, todos os seus princípios de liberdade e de justiça eram fundados sobre a iniqüidade e a servidão. Por tal razão, nunca puderam escapar à justa vingança da natureza ultrajada. Por todo lugar deixaram de ser livres, porque não queriam tolerar que os outros homens fossem como eles.

Seu amor indomável pela liberdade não era a paixão generosa pela independência e pela igualdade, mas a febre da ambição e do orgulho; uma mistura de dureza e de injustiça que corrompia suas mais nobres virtudes: e de que modo uma liberdade tranqüila, a única que pode ser durável, teria pertencido a homens que não podiam ser independentes a não ser exercendo a dominação, e não podiam viver com seus concidadãos como irmãos, sem tratar como seus inimigos o resto dos homens? Que aqueles que hoje se vangloriam de amar a liberdade e condenam a escravidão de seres que a natureza fez como seus iguais não aspirem a essas virtudes manchadas dos povos antigos; eles não têm mais como desculpa nem o preconceito da necessidade, nem o invencível erro de um costume universal; e o homem vil, cuja avareza tira um proveito vergonhoso do sangue e do sofrimento de seus semelhantes, não pertence menos que seu escravo ao senhor que quiser comprá-lo.

Entre nós, os empregos penosos da sociedade são confiados a homens livres que, obrigados a trabalhar para satisfazer

Cinco memórias sobre a instrução pública

suas necessidades, têm contudo os mesmos direitos e são iguais àqueles que a fortuna dispensou desses trabalhos. Grande parte dos filhos dos cidadãos está destinada a ocupações duras, cujo aprendizado deve começar cedo, cujo exercício ocupará todo o seu tempo: seu trabalho torna-se uma parte dos recursos de sua família, mesmo antes que tenham saído completamente da infância, enquanto um grande número, a quem a boa situação da família permite dedicar mais tempo e mesmo destinar mais recursos a uma educação mais extensa, prepara-se, por meio dessa educação, para profissões mais lucrativas; para outros, enfim, nascidos com uma fortuna independente, a educação tem como único fim assegurar os meios para viver feliz e adquirir a riqueza e a consideração conferidas pelos cargos, serviços ou talentos.

É, pois, impossível submeter a uma educação rigorosamente igual homens cuja destinação é tão diferente. Se ela for estabelecida para aqueles que têm menos tempo para consagrar à instrução, a sociedade será forçada a sacrificar todas as vantagens que pode esperar do progresso das luzes. Se, ao contrário, se quiser fazê-la para aqueles que podem sacrificar sua juventude inteira para instruir-se, encontraríamos obstáculos insuperáveis, ou então seria preciso renunciar aos benefícios de uma instituição que abarcasse a generalidade dos cidadãos. Enfim, tanto numa quanto noutra suposição, as crianças não seriam educadas nem para si mesmas, nem para a pátria, nem para satisfazer as suas necessidades, nem para os deveres que serão obrigados a cumprir.

Uma educação comum não pode ser graduada como a instrução. Ela precisa ser completa, senão será nula e mesmo prejudicial.

2 — *Porque, se não fosse assim, atingiríamos os direitos dos pais*

Um outro motivo obriga ainda a limitar a educação pública somente à instrução: é que não se poderia estendê-la mais do que isso sem ferir os direitos que devem ser respeitados pelo poder público.

Os homens se reuniram em sociedade tão-somente para obter o gozo mais completo, mais tranqüilo e mais seguro de seus direitos naturais e, sem dúvida, deve-se compreender entre tais direitos o de cuidar dos primeiros anos de seus filhos, de suprir a sua falta de inteligência e de prepará-los para a felicidade. Trata-se de um dever imposto pela natureza, e dele resulta um direito que a ternura paterna não pode abandonar. Cometer-se-ia uma verdadeira injustiça se déssemos à maioria real dos chefes de família, e mais ainda se confiássemos aos representantes, o poder de obrigar os pais a renunciar ao direito de educar eles mesmos sua família. Uma tal instrução que, quebrando os laços da natureza, destruísse a felicidade doméstica, enfraquecesse ou mesmo aniquilasse esses sentimentos de reconhecimento filial, primeiro germe de todas as virtudes, condenaria a sociedade que a tivesse adotado a não ter senão uma felicidade de convenção e virtudes fictícias. Esse meio pode formar, sem dúvida, uma ordem de guerreiros ou uma sociedade de tiranos, mas nunca fará uma nação de homens, um povo de irmãos.

3 — *Porque uma educação pública se tornaria contrária à independência das opiniões*

Aliás, a educação, se a considerarmos em toda a sua extensão, não se limita apenas à instrução positiva, ao ensino das verda-

Cinco memórias sobre a instrução pública

des de fato e de cálculo, mas abarca todas as opiniões políticas, morais e religiosas. Ora, a liberdade dessas opiniões não seria senão ilusória se a sociedade se apropriasse das gerações nascentes para lhes ditar aquilo em que devem acreditar. Aquele que, ao entrar na sociedade, carrega as opiniões que lhe foram dadas pela educação não é mais um homem livre; é escravo de seus mestres, e suas correntes são tanto mais difíceis de romper quanto elas se lhe tornaram insensíveis, de modo que se crê obedecer à sua razão, quando não se faz senão submetê-la à de um outro. Dir-se-á talvez que ele também não será livre se receber essas opiniões de sua família; contudo, neste caso, essas opiniões não serão as mesmas para todos os cidadãos; cada um perceberá logo que sua crença não é universal; será levado a desconfiar dela; essa crença não terá mais, a seus olhos, o caráter de uma verdade de consenso, e seu erro, se persistir, será somente um erro voluntário. A experiência mostrou o quanto se enfraquece o poder dessas primeiras idéias tão logo se elevem queixas contra elas: sabe-se, portanto, que a vaidade em rejeitá-las freqüentemente supera a vaidade em não mudar. Mesmo que tais opiniões começassem a ser mais ou menos as mesmas em todas as famílias, se um erro do poder público não lhes oferecer um ponto de reunião, logo as veríamos se dividir, e então o perigo desaparece com a uniformidade. Com efeito, os preconceitos que recebemos da educação doméstica são um efeito da ordem natural das sociedades, e uma sábia instrução, difundindo as luzes, é o seu remédio, ao passo que os preconceitos infundidos pelo poder público são uma verdadeira tirania, um atentado contra uma das partes mais preciosas da liberdade natural.

Os antigos não tinham nenhuma noção desse gênero de liberdade; pareciam mesmo não ter como fim, em suas institui-

45

ções, senão aniquilá-la. Teriam preferido deixar nos homens somente as idéias, as opiniões que faziam parte do sistema do legislador. Para eles, a natureza só tinha criado máquinas cujas peças e cuja ação a lei deveria regular e dirigir. Esse sistema era perdoável, sem dúvida, em sociedades nascentes, onde só se viam preconceitos e erros, enquanto um pequeno número de verdades, mais suspeitadas do que conhecidas, mais adivinhadas do que descobertas, eram partilhadas por alguns homens privilegiados, forçados até mesmo a dissimulá-las. Podia-se crer que era necessário fundar a felicidade da sociedade sobre erros e, conseqüentemente, conservar, colocar a salvo de qualquer exame perigoso as opiniões que haviam sido julgadas próprias para assegurá-la.

Todavia hoje, que se reconhece que somente a verdade pode ser a base da prosperidade durável e que as luzes, crescendo sem cessar, não permitem mais que o erro se vanglorie de ter um império eterno, o fim da educação não pode ser mais o de consagrar as opiniões estabelecidas, mas, ao contrário, o de submetê-las ao exame livre de gerações sucessivas, cada vez mais esclarecidas.

Enfim, uma educação completa estender-se-ia às opiniões religiosas; o poder público seria obrigado a estabelecer tantas educações quantas diferentes religiões antigas e novas confissões houvesse, em seu território, ou obrigaria os cidadãos de diversas crenças a adotar a mesma para seus filhos ou se limitar a escolher entre o pequeno número que se tivesse escolhido encorajar. Sabe-se que a maioria dos homens segue, nesse gênero, as opiniões que recebeu desde sua infância e que raramente lhe vem à mente a idéia de examiná-las. Se, pois, elas fizerem parte da educação pública, deixam de ser escolha livre

Cinco memórias sobre a instrução pública

dos cidadãos e tornam-se um jugo imposto por um poder ilegítimo. Em suma, é igualmente impossível rejeitar ou admitir a instrução religiosa numa educação pública que excluísse a educação doméstica, sem ferir a consciência dos pais, se estes considerarem a religião exclusiva necessária ou mesmo útil à moral e à felicidade numa outra vida. É preciso, portanto, que o poder público se limite a regular a instrução, deixando às famílias o resto da educação.

*O poder público não tem o direito de associar
o ensino da moral ao ensino da religião.*

A esse respeito, sua ação não deve ser arbitrária nem universal. Já vimos que as opiniões religiosas não podem fazer parte da instrução comum, já que, devendo ser a escolha de uma consciência independente, nenhuma autoridade tem o direito de preferir uma à outra, e disto resulta a necessidade de que o ensino da moral seja rigorosamente independente de tais opiniões.

*O poder público não tem o direito de ensinar opiniões
como se fossem verdades.*

O poder público não pode nem mesmo, em nenhum assunto, ter o direito de mandar ensinar opiniões como se fossem verdades. Não deve impor nenhuma crença. Se algumas opiniões lhe parecem perigosas, não é mandando ensinar opiniões contrárias que deve combatê-las ou preveni-las; é afastando-as da instrução pública, não pelas leis, mas pela escolha de professores e métodos; é principalmente assegurando aos bons espíritos os meios de se livrar desses erros e conhecer os seus perigos.

Seu dever é o de arregimentar contra o erro, que é sempre um mal público, toda a força da verdade; mas ele não tem o direito de decidir onde reside a verdade, onde se encontra o erro. Assim, a função dos ministros da religião é encorajar os homens a cumprir seus deveres. E a pretensão de decidir exclusivamente quais são esses deveres seria a mais perigosa das pretensões sacerdotais.

Conseqüentemente, o poder público não deve confiar o ensino a corporações perpétuas.

O poder público deve pois, sobretudo, evitar confiar a instrução a corporações de professores que se recrutam a si mesmos. Sua história é aquela dos esforços para perpetuar opiniões vãs que os homens esclarecidos haviam, há muito tempo, relegado à classe dos erros; é a história de suas tentativas para impor aos espíritos um jugo com o auxílio do qual esperavam prolongar seu prestígio ou aumentar suas riquezas. Sejam essas corporações ordens de monges, congregações de irmãos, universidades, simples confrarias, o perigo é o mesmo. A instrução que darão terá sempre por finalidade, não o progresso das luzes, mas o aumento de seu próprio poder; não ensinar a verdade, mas perpetuar os preconceitos úteis à sua ambição, as opiniões que servem à sua vaidade. Aliás, mesmo que essas corporações não fossem apóstolos travestidos das opiniões que lhes são úteis, aí se estabeleceriam idéias hereditárias; todas as paixões do orgulho aí se uniriam para eternizar o sistema de um chefe que as governou, de um confrade célebre de

Cinco memórias sobre a instrução pública

cuja glória cometem a tolice de se apropriar, e na própria arte de procurar a verdade ver-se-ia introduzir o inimigo mais perigoso de seus progressos, os hábitos consagrados.

Sem dúvida, não se deve mais temer o retorno desses grandes erros que afetavam o espírito humano com uma grande esterilidade, que sujeitavam nações inteiras aos caprichos de alguns doutores a quem pareciam ter delegado o direito de pensar por elas. No entanto, por quantos pequenos preconceitos de detalhes essas corporações poderiam ainda atrapalhar ou suspender os progressos da verdade? Quem sabe mesmo se, hábeis em seguir com infatigável tenacidade seu sistema dominador, não poderiam retardar bastante tais progressos, para se dar o tempo de fixar as novas correntes as quais nos destinam, antes que seu peso tenha nos advertido para quebrá-las? Quem sabe se o resto da nação, traído ao mesmo tempo por esses professores e pelo poder público que os teria protegido, poderia descobrir seus projetos suficientemente cedo para desconcertá-los e preveni-los? Criai corporações de professores, e estareis certos de ter criado tiranos ou instrumentos da tirania.

O poder público não pode estabelecer um corpo de doutrina que deva ser ensinado com exclusividade.

Sem dúvida, é impossível que opiniões não se misturem às verdades que devem ser objeto da instrução. Se as ciências matemáticas nunca são expostas a ser confundidas com o erro, a escolha das demonstrações e dos métodos deve variar segundo seus progressos, o número e a natureza de suas aplicações usuais. Se, pois, neste gênero, e tão-somente nele, uma perpetuidade no ensino não conduzisse ao erro, ela ainda se oporia a toda espécie de aperfeiçoamentos. Nas ciências naturais, os fatos são constantes. Mas alguns deles, após terem apresentado uma inteira uniformidade, logo oferecem diferenças, modificações, descobertas por um exame mais atento ou por observações multiplicadas. Outros, de início considerados gerais, deixam de sê-lo, uma vez que o tempo ou uma investigação mais atenta mostraram exceções. Nas ciências morais e políticas, os fatos não são tão constantes ou pelo menos não parecem sê-lo para aqueles que os observam. Quanto mais os interesses, as paixões colocam obstáculos à verdade, menos devemos nos vangloriar de tê-la encontrado e mais haveria a presunção em querer impor aos outros as opiniões que tomaríamos por ela. É sobretudo nessas ciências que, entre as verdades reconhecidas e aquelas que escaparam a nossas pesquisas, existe um espaço imenso que só a opinião pode preencher. Se, nesse espaço, os espíritos superiores situaram verdades com o auxílio das quais eles avançam com um passo firme, e podem até mesmo lançar-se para além de seus limites, para o resto dos homens, essas mesmas verdades ainda se confundem com as opiniões, e ninguém tem o direito de distinguir por outro e dizer: *eis o que vos ordeno crer e que não posso provar.*

Verdades apoiadas numa prova certa, geralmente reconhecidas, são as únicas que devem ser consideradas imutáveis e não podemos impedir de nos espantar com seu tão pequeno número. As que acreditamos ser mais universalmente aceitas, contra as quais não se poderia supor que se levantassem objeções, freqüentemente devem essa vantagem apenas ao acaso, que não orientou para elas os espíritos da maioria. Se as colo-

Cinco memórias sobre a instrução pública

carmos em discussão, logo veremos nascer a incerteza, e a opinião, dividida, flutuará incerta por muito tempo.

Entretanto, como as ciências influem muito sobre a felicidade dos homens, é bem mais importante que o poder público não dite a doutrina comum do momento como verdade eterna, por temor de fazer da instrução um meio de consagrar preconceitos que lhe são úteis e um instrumento de poder daquilo que deve ser a barreira mais segura contra o poder injusto.

O poder público não deve usar suas opiniões como base da instrução, assim como não se pode considerá-lo no nível das luzes do século em que se exerce.

Os depositários do poder público permanecerão a uma boa distância do ponto ao qual chegaram os espíritos destinados a aumentar a massa das luzes. Mesmo se certos homens de gênio estivessem sentados ao lado daqueles que detêm o poder, eles nunca poderiam ter, em todos os instantes, uma preponderância que lhes permitisse colocar em prática os resultados de suas meditações. Essa confiança em uma razão profunda, cuja marcha não se pode seguir, essa submissão voluntária para o talento, essa homenagem à fama custam por demais ao amor próprio para se tornarem, pelo menos por longo tempo, sentimentos habituais e não uma espécie de obediência forçada por circunstâncias imperiosas e reservada aos tempos de perigo e de perturbação. Aliás, o que em cada época assinala o verdadeiro termo das luzes não é a razão particular de tal homem de gênio, que pode ter também seus preconceitos pessoais, mas a razão comum dos homens escla-

Condorcet

recidos. E é necessário que a instrução se aproxime desse termo das luzes mais do que o poder público possa por si mesmo se aproximar dele. De fato, o objetivo da instrução não é perpetuar os conhecimentos que se tornaram gerais numa nação, porém aperfeiçoá-los e estendê-los.

O que aconteceria se o poder público, em vez de seguir, mesmo de longe, os progressos das luzes, fosse ele mesmo escravo de preconceitos; se, por exemplo, em vez de reconhecer a separação absoluta entre o poder político que regula as ações e a autoridade religiosa que não pode exercer-se senão sobre as consciências, prostituísse a majestade das leis até fazê-las servir a princípios carolas de uma seita obscura, perigosa por seu sombrio fanatismo, e devotada ao ridículo por sessenta anos de convulsões? O que aconteceria se, submetido à influência do espírito mercantil, usasse as leis para favorecer, por meio de proibições, projetos da avidez e a rotina da ignorância? Ou se, dócil à voz de alguns zeladores de doutrinas ocultas, ordenasse que se preferissem as ilusões da iluminação interior às luzes da razão? O que aconteceria se, desviado por traficantes avaros que crêem que é permitido vender ou comprar homens, desde que esse comércio traga um por cento de lucro, enganado por colonizadores bárbaros que não dão nenhum valor ao sangue ou às lágrimas de seus irmãos, desde que possam convertê-los em ouro, e dominado por hipócritas vis, consagrasse, por meio de uma contradição vergonhosa, a violação mais aberta dos direitos que ele mesmo estabeleceu? Como então poderia ordenar que se ensinassem essas máximas condenáveis ou esses princípios diretamente contrários a suas leis? O que se tornaria a instrução, num povo no qual seria necessário que o direito público e a economia política

Cinco memórias sobre a instrução pública

mudassem juntamente com a opinião dos legisladores, onde não se permitisse estabelecer verdades que condenariam sua conduta; no qual, não contentes em enganar ou oprimir seus contemporâneos, eles estendessem suas correntes pelas gerações seguintes, e as destinassem à vergonha eterna de partilhar de sua corrupção ou de seus preconceitos?

O dever, assim como o direito do poder público, limita-se, pois, a fixar o objetivo da instrução e assegurar que esse objetivo seja bem cumprido.

Já se disse que o ensino da constituição de cada país deveria fazer parte da instrução nacional. Isso é verdade, sem dúvida, se falamos disso como de um fato, se nos contentamos em explicá-la e desenvolvê-la e se, ao ensiná-la, limitamo-nos a dizer: esta é a constituição estabelecida pelo Estado e à qual todos os cidadãos devem submeter-se. Mas, se por isso entendemos que se deva ensiná-la como uma doutrina conforme aos princípios da razão universal, ou se despertamos em seu favor um entusiasmo cego que torna os cidadãos incapazes de julgá-la; se lhes dizemos: *eis o que deveis adorar e crer*, então se trata de uma religião política que se quer criar, uma cadeia preparada para os espíritos, e viola-se a liberdade em seus direitos mais sagrados, sob pretexto de ensinar a amá-la. O fim da instrução não é fazer que os homens admirem uma legislação pronta, mas torná-los capazes de avaliá-la e corrigi-la. Não se trata de submeter cada geração às opiniões bem como às vontades daquela que a precede, porém de esclarecê-las cada vez mais, a fim de que cada uma se torne cada vez mais digna de governar-se por sua própria razão.

É possível que a constituição de um país encerre leis absolutamente contrárias ao bom senso e à justiça, leis que tenham escapado aos legisladores em momentos de perturbações, que lhes tenham sido arrancadas por influência de um orador ou de um partido, por impulsão de uma efervescência popular; que, enfim, lhes tenham sido inspiradas, umas pela corrupção, outras por falsos pontos de vista de uma utilidade local e passageira. Pode acontecer, e acontecerá mesmo com freqüência, que, ao dar as leis, seus autores não tenham sentido que elas contrariavam os princípios da razão, ou que não tenham desejado abandonar esses princípios, mas somente suspender por um tempo a sua aplicação. Seria, pois, absurdo ensinar leis estabelecidas que não sejam conformes à vontade atual do poder público à qual se é obrigado a obedecer, sem o que nos exporíamos até mesmo ao ridículo de fazer que se ensinasse, como se fossem verdadeiros, princípios contraditórios.

Estas observações devem estender-se à instrução destinada aos adultos.

O que dissemos sobre esta parte da instrução destinada aos primeiros anos estende-se igualmente àquela que deve abarcar o resto da vida. Ela não deve ter como objetivo propagar estas ou aquelas opiniões, enraizar nos espíritos princípios úteis a certos pontos de vista, mas instruir os homens sobre os fatos que lhes importa conhecer, colocar sob seus olhos as discussões que interessam aos seus direitos ou à sua felicidade, e lhes oferecer os auxílios necessários para que possam decidir por si mesmos.

Cinco memórias sobre a instrução pública

Sem dúvida, aqueles que exercem o poder público devem esclarecer os cidadãos sobre os motivos das leis a que se submetem. É necessário, pois, evitar proscrever essas explicações das leis, essas exposições de motivos ou de intenções que são uma homenagem àqueles nos quais reside o verdadeiro poder, e dos quais os legisladores são tão somente os intérpretes. Entretanto, mais além das explicações necessárias a entender a lei e executá-la, devem-se considerar esses preâmbulos e comentários, apresentados em nome dos legisladores, menos como uma instrução do que como uma prestação de contas, pelos depositários do poder, ao povo do qual eles o receberam. Sobretudo, não se deve acreditar que tais explicações sejam suficientes para que sejam cumpridos os deveres relativos à instrução pública. Esses depositários não devem limitar-se a não opor obstáculos às luzes que poderiam conduzir os cidadãos a verdades contrárias às suas opiniões pessoais; é preciso que tenham a generosidade, ou melhor, a eqüidade de preparar eles mesmos essas luzes.

Nos governos arbitrários, tem-se o cuidado de dirigir o ensino de modo a que disponha a uma obediência cega ao poder estabelecido e de, em seguida, vigiar as publicações e mesmo os discursos, a fim de que os cidadãos não aprendam nada que não seja próprio a confirmá-los nas opiniões que seus senhores querem lhes inspirar. Numa constituição livre, embora o poder esteja nas mãos de homens escolhidos pelos cidadãos, e sempre renovados; embora esse poder pareça então se confundir com a vontade geral ou com a opinião comum, também não se deve dar, como regras aos espíritos, leis que devem exercer seu império apenas sobre as ações, senão ele se acorrentaria a si mesmo e obedeceria por séculos aos

Condorcet

erros que tivesse estabelecido. Que o exemplo da Inglaterra se torne, assim, uma lição para os outros povos: um respeito supersticioso pela constituição ou por certas leis às quais se pensou atribuir a prosperidade nacional, um culto servil a algumas máximas consagradas pelo interesse de classes ricas e poderosas fazem parte da educação e são mantidos por todos aqueles que aspiram à fortuna ou ao poder, transformando-se em uma espécie de religião política que torna quase impossível qualquer progresso em direção ao aperfeiçoamento da constituição e das leis.

Esta opinião é bem contrária à desses pretensos filósofos que querem que as verdades não sejam para o povo senão preconceitos, que propõem que se devem tomar os primeiros momentos do homem para afetá-lo com imagens que o tempo não possa destruir, e ligá-lo às leis, à constituição de seu país, por meio de um sentimento cego, e não conduzi-lo à razão senão pelo prestígio da imaginação e da perturbação das paixões. Mas eu lhes perguntaria: como podem estar tão seguros de que aquilo que crêem é e será sempre a verdade? De quem receberam o direito de julgar onde ela se encontra? Por qual prerrogativa gozam dessa infalibilidade que lhes permite dar sua opinião como regra para o espírito de outrem? Estão eles mais certos sobre as verdades políticas do que os fanáticos de todas as seitas, convictos de suas quimeras religiosas? Entretanto, o direito é o mesmo, o motivo é semelhante, e permitir que se fascinem os homens em vez de esclarecê-los, seduzi-los pela verdade, dá-la a eles como um preconceito, é autorizar, é consagrar todas as loucuras do entusiasmo, todas as astúcias do proselitismo.

Cinco memórias sobre a instrução pública

A instrução deve ser a mesma para as mulheres e os homens.

Provamos que a educação pública deveria limitar-se à instrução; mostramos ser necessário estabelecê-la em diversos graus. Nesse sentido, nada pode impedir que ela seja a mesma para as mulheres e os homens. Com efeito, como toda instrução se limita a expor as verdades, a desenvolver suas provas, não se vê como a diferença dos sexos exigiria uma diferença na escolha das verdades ou na maneira de prová-las. Se o sistema completo da instrução comum – que tem como finalidade ensinar aos indivíduos da espécie humana o que lhes é necessário saber para cumprir seus deveres – parecer por demais amplo para as mulheres, que não são chamadas a nenhuma função política, pode-se limitar seu acesso aos primeiros graus, mas sem proibir que as que tiverem disposições mais felizes e cujas famílias as quiserem tornar cultas possam ter acesso aos outros graus. Se há alguma profissão que seja reservada exclusivamente aos homens, as mulheres não seriam admitidas à instrução particular exigida por essa mesma profissão. No entanto, seria absurdo excluí-las daquela instrução que tem por finalidade as profissões que elas devem exercer.

As mulheres não devem ser excluídas da instrução que é relativa às ciências, porque elas podem tornar-se úteis aos seus progressos, seja fazendo observações, seja compondo livros elementares.

Quanto às ciências, por que seriam proibidas às mulheres? Ainda que elas não pudessem contribuir para o seu progresso por meio de descobertas (o que, aliás, só pode ser verdadeiro em relação às verdades de primeira ordem, que exigem uma longa meditação e uma força mental extraordinária), por que as mulheres, cuja vida não pode ser preenchida pelo exercício de uma profissão lucrativa, por causa das ocupações domésticas, não poderiam trabalhar para o crescimento das luzes, ocupando-se dessas observações que pedem uma exatidão quase minuciosa, uma grande paciência, uma vida sedentária e regrada? Talvez elas sejam inclusive mais próprias do que os homens para dar aos livros elementares o método e a clareza, mais dispostas que são, por sua amável flexibilidade, a compreender o espírito das crianças, que elas observam desde a idade menos avançada, e cujo desenvolvimento seguiram com um terno interesse. Ora, um livro elementar não pode ser bem feito a não ser por aqueles que aprenderam mais do que esse livro encerra. Expomos mal o que sabemos quando nos interrompemos a cada passo pelos limites de nossos conhecimentos.

É necessário que as mulheres compartilhem a instrução comum dada aos homens

1 — *Para que possam controlar a instrução que é dada aos seus filhos*

A instrução pública, para ser digna desse nome, deve se estender à generalidade dos cidadãos, mas é impossível que as crianças a aproveitem, se, limitadas às lições que recebem de um mestre comum, não tiverem um professor que possa cuidar de seus estudos, no intervalo das lições, prepará-las para recebê-las, facilitar a sua compreensão, completar enfim aquilo que um momento de ausência ou de distração as fez perder.

Cinco memórias sobre a instrução pública

Ora, de quem as crianças dos cidadãos pobres poderão receber esse auxílio se não for de suas mães, que, dedicadas aos cuidados da família ou entregues a trabalhos sedentários, parecem chamadas a cumprir esse dever? Os trabalhos dos homens, que, quase sempre, os ocupam fora de casa, não lhes permitiriam consagrar-se a essa tarefa. Seria, pois, impossível estabelecer na instrução a igualdade necessária à manutenção dos direitos dos homens, sem a qual não se poderia nem mesmo empregar nela legitimamente os recursos das propriedades nacionais, se, não fazendo as mulheres percorrerem pelo menos os primeiros graus da instrução comum, não as colocássemos em condições de cuidar da instrução de seus filhos.

2 — Porque a falta de instrução das mulheres introduziria nas famílias uma desigualdade contrária à sua felicidade

Aliás, não se poderia estabelecer a instrução só para os homens, sem introduzir uma desigualdade notável não somente entre marido e mulher, mas também entre irmão e irmã, entre filho e mãe. Ora, nada seria mais contrário à pureza e à felicidade dos costumes domésticos. A igualdade é, em todo lugar, mas sobretudo nas famílias, o primeiro elemento da felicidade, da paz e das virtudes. Que autoridade poderia ter a ternura maternal, se a ignorância destinasse as mães a serem para suas crianças um objeto de ridículo e de desprezo? Dir-se-á, talvez, que exagero esse perigo; que, atualmente, se oferecem aos jovens conhecimentos que não somente suas mães, mas mesmo seus pais não possuem, sem que, contudo, isso resulte em tantos inconvenientes. Todavia, deve-se observar, em primeiro lugar, que a maioria dos conhecimentos, considerados inúteis

59

pelos pais e freqüentemente pelas próprias crianças, não dá a estas, na sua opinião, nenhuma superioridade. E hoje são conhecimentos realmente úteis que se lhes quer ensinar. Com efeito, trata-se de uma educação geral, e os inconvenientes dessa superioridade seriam bem mais notáveis do que numa educação reservada às classes em que a polidez, os costumes e a vantagem dada aos pais pelo gozo de sua fortuna impedem que os filhos se tornem vaidosos demais de sua ciência nascente. A propósito, os que puderam observar jovens de famílias pobres, às quais o acaso forneceu uma educação cultivada, sentirão facilmente o quanto esse temor tem fundamento.

3 — Porque é um meio de fazer os homens conservarem os conhecimentos que adquiriram em sua juventude

Acrescentarei ainda que os homens que tiverem aproveitado uma instrução pública conservarão bem mais facilmente seus benefícios, se encontrarem em suas mulheres uma instrução mais ou menos igual à sua; se puderem fazer com elas leituras que devem manter os seus conhecimentos; se, no intervalo que separa sua infância de seu estabelecimento, a instrução que lhes é preparada para essa época não for estranha às pessoas pelas quais se sentem atraídos por uma inclinação natural.

4 — Porque as mulheres têm o mesmo direito que os homens à instrução pública

Enfim, as mulheres têm os mesmos direitos que os homens; logo, elas têm o direito de obter as mesmas facilidades para adquirir as luzes, que podem lhes dar os meios de exercer

Cinco memórias sobre a instrução pública

realmente tais direitos, com uma mesma independência e numa extensão igual.

A instrução deve ser dada em comum, e as mulheres não podem ser excluídas do ensino.

Já que a instrução deve ser de modo geral a mesma, o ensino deve ser comum e confiado a um mesmo mestre, que possa ser escolhido indiferentemente num ou noutro sexo.

As mulheres foram, algumas vezes, encarregadas do ensino na Itália, e com sucesso.

Várias mulheres ocuparam cátedras de ensino, nas mais célebres universidades da Itália, cumprindo com glória suas funções de professoras nas ciências mais elevadas, sem que tenha resultado disso nenhum prejuízo nem o menor inconveniente, nem a menor reclamação, nem mesmo alguma zombaria, num país que não pode ser considerado, contudo, isento de preconceitos, onde não reina a simplicidade nem a pureza dos costumes.

Necessidade dessa reunião para a facilidade e a economia da instrução.

A reunião das crianças de ambos os sexos, numa mesma escola, é praticamente necessária para a primeira educação; seria difícil estabelecer duas escolas em cada vilarejo e encontrar, sobretudo nos primeiros tempos, quantidade suficiente de mestres, se nos limitássemos a escolhê-los apenas num dos sexos.

Condorcet

Longe de ser perigosa, a instrução comum é útil aos costumes.

Aliás, essa reunião, sempre em público e sob os olhos dos mestres, longe de ser um perigo para os costumes, protege ao contrário contra as diversas espécies de corrupção, cuja principal causa é a separação dos sexos no final da infância ou nos primeiros anos da juventude. Nessa idade, os sentidos fazem a imaginação divagar, e muito freqüentemente sem retorno, se uma doce esperança não a fixar sobre objetos mais legítimos. Tais hábitos, aviltantes ou perigosos, são quase sempre os erros de uma juventude enganada em seus desejos, condenada à corrupção pelo tédio e extinguindo, nos falsos prazeres, uma sensibilidade atormentada por sua triste e solitária servidão.

Não se deve estabelecer uma separação que só seria real para os ricos.

Não é sob uma constituição igual e livre que seria permitido estabelecer uma separação ilusória para a grande pluralidade das famílias. Ora, jamais essa separação nas escolas poderia ser real para o habitante do campo, nem para a parte pouco rica das cidades. Assim, a reunião nas escolas só diminuiria os inconvenientes daquela outra que, para essas classes, não se pode evitar nas ações ordinárias da vida, onde ela não é, contudo, exposta aos olhares de testemunhas da mesma idade, nem submetida à vigilância do mestre. Rousseau, que atribuía à pureza dos costumes uma importância talvez exagerada, queria, pelo interesse mesmo dessa pureza, que os dois sexos se misturassem em suas diversões. Haveria perigo maior se os reuníssemos para ocupações mais sérias?

Cinco memórias sobre a instrução pública

A principal causa da separação dos sexos são a avareza e o orgulho.

Não nos enganemos. Estas idéias de separação rigorosa não devem ser atribuídas à severidade da moral religiosa, essa astúcia inventada pela política sacerdotal para dominar os espíritos. O orgulho e a avareza têm pelo menos parte igual nisso; a hipocrisia dos moralistas quis prestar homenagem interessada a tais vícios. A generalização dessas opiniões austeras deve-se, de um lado, ao temor das alianças desiguais e, de outro, ao medo da recusa de consagrar as ligações fundadas em relações pessoais. Deve-se, pois, longe de favorecê-las, procurar combatê-las, num país onde se quer que a legislação obedeça somente à natureza e à razão e seja conforme a justiça. Nas instituições de uma nação livre, tudo deve tender para a igualdade, não somente porque ela é também um direito dos homens, mas porque a manutenção da ordem e da paz o determina imperiosamente. Uma constituição que estabelece a igualdade política nunca será durável nem pacífica se a misturamos com instituições que mantêm os preconceitos favoráveis à desigualdade.

Seria perigoso conservar o espírito de desigualdade nas mulheres, porque isso impediria de destruir esse espírito nos homens.

O perigo seria muito maior se, enquanto uma educação comum acostumasse as crianças de um sexo a se considerarem iguais, a impossibilidade de estabelecer uma igualdade semelhante para as crianças do outro sexo as abandonasse a uma educação solitária e doméstica. O espírito de desigualdade que se conservaria num sexo logo se estenderia sobre ambos, resultando no que até aqui vimos acontecer com a igualdade encontrada em nossos colégios, a qual desaparece para sempre, no mesmo momento em que o estudante crê tornar-se um homem.

A reunião dos dois sexos numa mesma escola favorece a emulação, e a faz surgir sob o princípio do sentimento de benevolência, e não de sentimentos pessoais, como ocorre com a disputa nos colégios.

Algumas pessoas poderiam temer que a instrução necessariamente prolongada além da infância seja recebida com muita distração por seres ocupados com interesses mais vivos e mais impressionantes. Contudo, esse temor é mal fundado. Se as distrações são um mal, este será mais que compensado pela emulação inspirada pelo desejo de merecer a estima da pessoa amada ou de obter a estima da família. Tal emulação seria mais geralmente útil do que a disputa que tem por princípio o amor da glória ou o orgulho, pois o verdadeiro amor da glória não é uma paixão de criança nem um sentimento destinado a se tornar geral, na espécie humana. Querer inspirar esse amor em homens medíocres (e homens medíocres podem, em contraposição, obter os primeiros prêmios em sua classe) seria condená-los à inveja. Este último gênero de disputa, ao despertar paixões de ódio, ao inspirar nas crianças o sentimento ridículo de uma importância pessoal, produz mais mal do que bem, ao aumentar a atividade do espírito.

A vida humana não é uma luta na qual os rivais disputam prêmios; é uma viagem que irmãos fazem em comum e na qual

Cinco memórias sobre a instrução pública

cada um, empregando suas forças para o bem de todos, é recompensado pelas doçuras de uma benevolência recíproca, pelo prazer ligado ao sentimento de ter merecido o reconhecimento ou a estima. A emulação que tivesse por princípio o desejo de ser amado ou de ser considerado por suas qualidades absolutas, e não por sua superioridade sobre outrem, poderia tornar-se também muito poderosa; ela teria a vantagem de desenvolver e fortalecer os sentimentos cujo hábito é útil adquirir, enquanto estas coroas de nossos colégios, sob as quais um aluno acredita que já é um grande homem, só dão origem a uma vaidade pueril de que uma sábia instrução deve nos preservar, se por infelicidade tal germe estivesse na natureza e não em nossas instituições desastradas. O hábito de querer ser o primeiro é ridículo e uma infelicidade para aquele que o adquiriu, constituindo uma verdadeira calamidade para aqueles que a sorte condena a viver junto dele. O hábito de necessitar merecer a estima conduz, ao contrário, a esta paz interior que torna a felicidade possível e a virtude fácil.

Conclusão

Generosos amigos da igualdade e da liberdade, reuni-vos para obter do poder público uma instrução que torne a razão popular ou, se não for assim, deveis temer perder logo todo o fruto de vossos nobres esforços. Não imagineis que as leis mais bem elaboradas possam tornar um ignorante igual a um homem hábil e tornar livre aquele que é escravo de preconceitos. Quanto mais essas leis respeitarem os direitos de independência pessoal e da igualdade natural, mais elas tornarão fácil e terrível a tirania que a astúcia exerce sobre a ignorância,

Condorcet

tornando-a, ao mesmo tempo, seu instrumento e sua vítima. Se as leis destruíram todos os poderes injustos, logo a astúcia saberá criar poderes mais perigosos. Suponde, por exemplo, que, na capital de um país submetido a uma constituição livre, um bando de audaciosos hipócritas consiga formar uma associação de cúmplices e de enganados; que, em quinhentas outras cidades, pequenas sociedades recebam da primeira suas opiniões, sua vontade e seu movimento, e que exerçam a ação que lhes é transmitida sobre um povo entregue sem defesa aos fantasmas do medo e às armadilhas da calúnia, por causa de uma falta de instrução. É evidente que tal associação rapidamente reuniria sob suas bandeiras a mediocridade ambiciosa e os talentos sem honra, e teria por satélites dóceis uma multidão de homens, sem outra indústria senão seus vícios e condenados pelo desprezo público ao opróbrio e à miséria. Logo, enfim, essa associação, apropriando-se de todos os poderes, governando o povo pela sedução e todos os homens públicos pelo terror, exercerá, sob a máscara da liberdade, a mais vergonhosa e a mais feroz de todas as tiranias. Por que meios, entretanto, vossas leis, que respeitarão os direitos dos homens, poderão evitar os progressos de semelhante conspiração? Não sabeis o quanto os meios das pessoas honestas são frágeis e limitados para conduzir um povo sem luzes, se comparados com os artifícios da audácia e da impostura? Sem dúvida, bastaria arrancar a máscara pérfida de seus chefes. Mas podeis fazê-lo? Contais com a força da verdade, mas ela não é todopoderosa, a não ser sobre os espíritos acostumados a reconhecê-la e a apreciar suas nobres entonações.

Não vedes, em outros lugares, a corrupção se introduzir no meio das leis mais sábias e gangrenar todas as suas partes?

Cinco memórias sobre a instrução pública

Haveis reservado para o povo o direito de eleger; mas a corrupção, precedida pela calúnia, lhe apresentará a lista dos candidatos e ditará suas escolhas. Haveis afastado os julgamentos da parcialidade e do interesse; certa de poder seduzir, a corrupção saberá entregá-los à credulidade. As instituições mais justas, as virtudes mais puras não são, para a corrupção, senão instrumentos mais difíceis de manipular, mas mais seguros e poderosos. Ora, todo seu poder não está fundado sobre a ignorância? Com efeito, o que faria ela se a razão do povo, uma vez formada, pudesse defendê-lo contra os charlatães que são pagos para enganá-lo; se o erro não mais associasse à voz do hipócrita hábil um rebanho dócil de prosélitos estúpidos; se os preconceitos, difundindo um véu pérfido sobre todas as verdades, não abandonassem à condução dos sofistas o império da opinião? Poder-se-iam comprar enganadores, se não houvesse tolos para serem enganados? Que o povo saiba distinguir a voz da razão da voz da corrupção e logo verá caírem a seus pés as correntes de ouro que esta lhes tinha preparado. Se não for desse modo, o próprio povo apresentará suas mãos atordoadas e oferecerá, com uma voz submissa, com que pagar os sedutores que o abandonam aos tiranos. Difundindo as luzes e reduzindo a corrupção a uma impotência vergonhosa, fareis que nasçam essas virtudes públicas que podem afirmar e honrar o reino eterno de uma liberdade tranqüila.

Segunda memória:
Da instrução comum para as crianças

Traçarei agora o plano de uma instrução comum, tal como a concebo, e desenvolverei os princípios que lhe servem de base, à medida que eles se tornem necessários para motivar suas várias disposições.

Primeiro grau de instrução comum

Distribuição das escolas.

O primeiro grau de instrução comum tem a finalidade de colocar todos os habitantes de um país em condições de conhecer seus direitos e seus deveres, a fim de poder exercer uns e cumprir os outros, sem serem obrigados a recorrer a uma razão alheia. Além do mais, é preciso que esse primeiro grau seja suficiente para torná-los capazes de exercer funções públicas às quais é útil que todos os cidadãos possam ser chamados, e que devem ser exercidas até nos extremos do território. Com efeito, o pequeno número de habitantes dessas regiões não permitiria escolher ou até mesmo encontrar pessoas a quem se pudessem confiar tais funções sem perigo, se a instrução que elas exigem não se estendesse a todos os cidadãos.

Na constituição francesa, as funções de jurado, eleitor, e membro de conselhos gerais devem ser colocadas na primeira classe, enquanto as de oficial municipal e de juiz de paz, na segunda.

Deve-se portanto estabelecer, em cada vilarejo, uma escola pública, dirigida por um mestre.

Nas cidades de população numerosa, haveria muitos mestres, cujo número seria determinado pelo número de alunos de ambos os sexos. Não se poderia ultrapassar o número de duzentos alunos por professor, o que corresponde a uma população de mais ou menos duas mil e quatrocentas pessoas.

Duração do período de instrução.

Proponho que essa instrução dure quatro anos. Com efeito, pode-se tomar a idade de nove anos como o termo médio no qual ela começaria; a instrução levaria as crianças até os treze, idade antes da qual elas ainda não são de grande utilidade para os pais, de sorte que os mais pobres, sem se prejudicar, poderiam deixar seus filhos consagrarem algumas horas por dia ao estudo. Disso não resultaria nenhum impedimento para aqueles que se desejasse colocar como aprendizes; o aprendizado de uma profissão não começa antes dessa época. Aliás, dispor-se-ia a instrução de modo que ela fosse compatível com a assiduidade às escolas profissionais, e ela só poderia tornar os aprendizes mais inteligentes e mais aplicados.

Os outros dois graus de instrução, durando cada um o mesmo número de anos, conduziriam naturalmente as crian-

Cinco memórias sobre a instrução pública

ças até a idade de vinte e um anos, termo escolhido na França para a inscrição cívica e que, visto o atual estado das luzes, logo se converterá na época comum da maioridade em todos os países.

Distribuição dos alunos.

Se houver apenas uma escola num lugar, os alunos serão distribuídos em quatro classes, e bastaria que recebessem em cada uma das classes uma aula por dia.

Metade da aula seria dada pelo professor e a outra metade por um aluno das primeiras classes, encarregado dessa função.

Uma pequena remuneração bastaria para esse repetidor, que seria escolhido entre os alunos das classes mais avançadas, e não entre aqueles que já tivessem completado essa fase de estudos. Com efeito, estes, dos quais não se poderia exigir muitas luzes, formariam logo uma segunda ordem de mestres, que teriam a pretensão de suceder aquele que eles auxiliam, acabando por consegui-lo por meio de complacências e intrigas.

Por conseguinte, duas salas vizinhas, sem comunicação entre si, seriam suficientes para cada escola. O professor, passando facilmente de uma à outra, poderia, com a ajuda do aluno encarregado de auxiliá-lo, manter a ordem nas duas salas, e entregar ao seu auxiliar apenas tarefas que estivessem ao seu alcance.

Nos lugares onde houver dois professores, cada um deles poderia ensinar em duas classes, cujos alunos eles acompanhariam da primeira à quarta série, de maneira que cada um deles teria, de início, alunos da primeira e da segunda séries, enquanto o outro, da terceira e da quarta. No ano seguinte, o primeiro, conservando seus alunos, ficaria com os alunos da segunda e da terceira, e o outro, da quarta e da primeira, e assim por diante. Desse modo, dando duas aulas por dia, uma para os alunos de cada ano, não teriam necessidade de um ajudante.

É vantajoso seguir essa distribuição, porque: 1 – os alunos não trocariam de professor, o que é um grande bem não somente para a sua instrução, mas também para seu caráter; 2 – é preciso que cada professor tenha condições de dar a totalidade do curso, o que impede de se confiar os primeiros elementos a homens de uma ignorância absoluta.

Estudos da primeira série

1 – *Leitura e escrita*

No primeiro ano, ensinar-se-ia a ler e a escrever. Escolhendo um tipo de impressão que representasse uma escrita fácil, poder-se-iam ensinar os dois conhecimentos, o que pouparia às crianças tanto o tempo quanto o tédio. A ação de imitar as letras à medida que se lhes ensina a conhecê-las as divertiria e assim elas memorizariam suas formas mais facilmente. Na verdade, no método atual, é-se obrigado a aprender a ler e a escrever separadamente.

2 – *Conhecimentos elementares contidos no livro de leitura. Explicação das palavras dadas pelo professor*

Em vez de encher os livros nos quais se aprende a ler com coisas absolutamente ininteligíveis para as crianças – ou mesmo escritas numa língua estrangeira, como foi o costume in-

Cinco memórias sobre a instrução pública

troduzido nos países da comunhão romana pela superstição, que é sempre fecunda no que diz respeito aos meios de embrutecer os espíritos – seriam usados livros que abarcassem uma instrução apropriada aos primeiros momentos da educação. É impossível compreender lendo frases, mesmo as mais simples, se não se está em condições de ler palavras isoladas. Se não for assim, a atenção será absorvida por outra que é aquela da qual se tem necessidade para reconhecer as sílabas e as letras. A primeira parte desse livro deve, pois, conter uma série de palavras que não tenham um sentido continuado. Escolher-se-iam aquelas que uma criança pode entender, e para as quais não se precisa oferecer uma explicação mais precisa. Após essas palavras, haveria um pequeno número de frases extremamente simples, cujo sentido ela pudesse compreender e que exprimiriam alguns julgamentos que ela pode já ter feito, ou algumas das observações que ela pôde fazer sobre os objetos que se lhe apresentam habitualmente, de modo que a criança reconhecesse nessas frases a expressão de suas próprias idéias. A explicação de tais palavras, dada na medida em que as crianças iriam aprendendo a lê-las e a escrevê-las, seria para elas um exercício divertido, uma espécie de jogo no qual se desenvolveria sua emulação nascente, no seio de uma alegria que impediria que o triste orgulho se aproximasse de suas almas puras e ingênuas.

Histórias destinadas a despertar os primeiros sentimentos morais.

Uma segunda parte do livro seria feita de curtas histórias morais, próprias para fixar sua atenção sobre os primeiros sen-

Condorcet

timentos que, segundo a ordem da natureza, as crianças devem experimentar. Ter-se-ia o cuidado de afastar dessas histórias qualquer máxima, qualquer reflexão, já que não se trata ainda de lhes dar princípios de conduta ou de lhes ensinar verdades, mas de dispô-las a refletir sobre seus sentimentos e prepará-las para as idéias morais que devem nascer, um dia, dessas reflexões.

Os primeiros sentimentos nos quais se deve exercitá-las e sobre os quais é útil nos determos são a piedade para com o homem e para com os animais, uma afeição habitual para com aqueles que nos fizeram bem e cujas ações nos demonstram o desejo de fazer o bem, afeição que produz a ternura filial e a amizade. Esses sentimentos permeiam todas as idades. São fundados em motivos simples e próximos de nossas sensações imediatas de prazer ou de dor. Existem em nossa alma tão logo podemos ter idéia distinta de indivíduo, e não temos necessidade de sermos advertidos para aprender a percebê-los, reconhecê-los e distingui-los.

A piedade para com os animais tem o mesmo princípio da piedade para com os homens. Tanto uma quanto outra nascem dessa dor irrefletida e quase orgânica, produzida em nós pela visão ou pela lembrança de sofrimentos de um outro ser sensível. Se habituarmos uma criança a ver animais sofrerem com indiferença ou até mesmo com prazer, enfraqueceremos ou destruiremos nela, mesmo a respeito dos homens, o germe da sensibilidade natural, princípio ativo de toda moralidade, assim como de toda virtude, e sem a qual ela não é mais nada senão cálculo de interesse, fria combinação da razão. Evitemos, pois, sufocar esse sentimento em seu nascedouro; conservemo-lo como uma planta ainda fraca, que pode fenecer

Cinco memórias sobre a instrução pública

num instante e secar para sempre. Não esqueçamos sobretudo que, no homem ocupado com trabalhos grosseiros que amortecem a sensibilidade e o fazem voltar-se para sentimentos pessoais, o hábito da dureza produz uma disposição para a ferocidade, que é a maior inimiga das virtudes e da liberdade dos povos, a única desculpa dos tiranos, o único pretexto especioso de todas as leis fundadas na desigualdade. Tornemos o povo sensível e ameno, para que não precisemos nos assustar com o poder que repousa em suas mãos. E, a fim de que não nos arrependamos de tê-lo restabelecido em seus direitos, ofereçamos a ele essa humanidade, que é a única coisa que pode ensiná-lo a exercer esses direitos com uma generosa moderação. O homem compassivo não tem necessidade de ser esclarecido para ser bom; a simples razão basta para que seja virtuoso, sem o apoio de uma filosofia profunda ou desse entusiasmo inspirado por certos preconceitos, entusiasmo sempre perigoso, porque erige como virtude todo crime útil aos interesses dos hipócritas cujo poder é fundado em preconceitos.

Descrição dos objetos físicos.

Depois das histórias morais, seriam misturadas a elas curtas descrições de animais e vegetais, escolhidas entre aquelas que os alunos podem observar e a respeito das quais mostraríamos a justeza das descrições que os faríamos ler. Nelas, eles encontrariam o prazer de se lembrar das coisas que viram de modo despercebido. Poderiam já sentir a utilidade que têm os livros de nos fazer redescobrir idéias adquiridas que nos escapariam sem o seu auxílio. Aprenderiam a ver melhor os objetos que o acaso lhes apresenta; enfim, começariam a adquirir o hábito das noções precisas, a saber distinguir idéias que se formam ao acaso, e esta primeira lição de lógica, recebida muito tempo antes que possam compreender esse nome, não seria menos útil.

Exposição do sistema de numeração.

Esse primeiro livro se encerraria com a exposição do sistema de numeração decimal, ou seja, os alunos aprenderiam a conhecer os sinais que designam os números e o método de representá-los todos por esses signos, escrever em algarismos um número expresso por palavras e exprimir por palavras um número escrito em algarismos.

Necessidade de um livro para os professores.

Haveria mesmo um livro correspondente para a instrução do professor. Os livros dessa espécie devem acompanhar aqueles destinados aos alunos, enquanto o ensino limitar-se aos conhecimentos elementares. Eles devem conter: 1 – observações sobre o método de ensino; 2 – esclarecimentos necessários para que o professor tenha condições de responder às dificuldades que os alunos podem propor, às perguntas que eles podem fazer; 3 – definições, ou melhor, análises de algumas palavras empregadas nos livros postos nas mãos das crianças, e das quais é importante lhes dar idéias precisas. Com efeito, essas definições, esses desenvolvimentos aumentariam os livros dos alunos, tornando sua leitura difícil e tediosa. Se as inseríssemos, aliás, nos livros para as crianças, seríamos obrigados a suprimir toda reflexão sobre os motivos que determi-

Cinco memórias sobre a instrução pública

naram a preferência de uma definição e não de outra e seríamos levados a procurar ora estimular, ora extinguir a sua curiosidade. A obra que, destinada aos professores, acompanharia o primeiro livro de leitura, deveria conter principalmente uma explicação das palavras isoladas que fazem parte do livro.

Não pode haver bom método para ensinar os elementos sem um livro ao alcance das crianças e ao qual todos possam recorrer; mas também não pode haver um bom método se não houver um outro livro que ensine aos professores os meios de complementar aquilo que o primeiro não pode conter. Esses livros não são menos necessários aos pais, para que sigam a educação dos filhos no tempo em que as crianças devem trabalhar fora dos olhares do professor e no qual é necessário combinar a instrução segundo suas disposições particulares.

Esses mesmos livros, enfim, teriam uma dupla utilidade relativamente aos professores: compensariam a falta de espírito filosófico de alguns deles e propiciariam mais igualdade entre o ensino de uma escola e o de uma outra. Enfim, um professor que não se limitasse à simples explicação de uma obra e que, aos olhos das crianças, parecesse saber algo além do livro no qual estudam, lhes inspiraria mais confiança. Ora, tal confiança é necessária ao sucesso de toda educação, e as crianças têm necessidade de estimar a ciência de um professor para aproveitar as suas lições.

Como se deve entender o preceito de só empregar com as crianças palavras que elas possam compreender.

Percebe-se que os livros destinados a dar às crianças o primeiro hábito de ler só devem conter frases de uma construção simples e fáceis de serem apreendidas. O hábito dessas formas de frases fará que descubram sua sintaxe por meio de uma espécie de rotina. É preciso também que elas possam compreender todas as palavras da frase com a ajuda de uma explicação simples, mas esta última condição merece aqui alguns comentários.

Talvez não haja uma só palavra na língua que uma criança compreenda, se por isto entendemos que ela associará a esta palavra o mesmo sentido dado por um homem cujas idéias foram estendidas e incorporaram precisão e justeza pela experiência. Sem entrar numa discussão metafísica sobre a diferença que pode existir entre as idéias que diferentes homens associam a uma palavra, mesmo quando, parecendo concordar entre si sobre o sentido que ela apresenta, adotam igualmente as proposições nas quais essa palavra é empregada, limitar-me-ei a observar que as palavras exprimem evidentemente idéias diferentes segundo os diversos graus de ciência que os homens adquiriram. Por exemplo, a palavra *ouro* não desperta a mesma idéia para um homem ignorante e um homem instruído, para este e para um físico ou químico: para este último, ela encerra um número muito maior de idéias e talvez outras idéias. A palavra *carneiro* ou a palavra *aveia* não despertam as mesmas idéias na cabeça de um homem do campo e na de um naturalista: não somente o número dessas idéias é maior para este último, mas as características com as quais cada um distingue o carneiro de um outro animal, a aveia de outra planta, e que se pode chamar de definição da palavra ou do objeto, não são as mesmas. Só pode haver exceção para as palavras que exprimem idéias abstratas muito simples e, num outro sentido, para as que são suscetíveis de verdadeiras defi-

Cinco memórias sobre a instrução pública

nições, tais como as palavras das ciências matemáticas. Por exemplo, se chamamos *círculo* à curva na qual todos os pontos são igualmente afastados de um ponto determinado chamado *centro*, essa definição é a mesma para a criança, que só conhece essa propriedade do círculo, e para o geômetra, para quem todas as propriedades que foram descobertas estão aí presentes. Todas, com efeito, dependem dessa propriedade essencial. Contudo, não se pode dizer, num sentido rigoroso, que a idéia despertada pela palavra *círculo* seja essencialmente a mesma, já que o espírito daquele que a pronuncia pode deter-se na sua simples definição ou considerar, ao mesmo tempo, outras propriedades; pode mesmo deter-se somente em uma delas. Além do mais, como seria possível dar uma outra definição do círculo, ou seja, designá-lo por uma outra propriedade da qual todas as outras derivariam igualmente, não se poderia dizer que dois homens, que teriam recebido definições diferentes, tivessem a mesma idéia ao pronunciar a palavra *círculo*. Entretanto, eles se entenderiam, tal como aqueles que, pronunciando a palavra *ouro, carneiro, aveia* e outras substâncias físicas, entender-se-iam também, embora suas idéias diferissem entre si. Qual é, no fundo, a razão? É que as proposições formadas por idéias diferentes e expressas pelas mesmas palavras são igualmente verdadeiras. Por exemplo, uma mesma proposição sobre o círculo é verdadeira para aquele que o definiu como uma curva cujos pontos estão todos igualmente afastados do centro, e para aquele que o definiu como uma curva tal que os produtos de duas linhas descritas por ela e que se cruzam em seu interior são sempre iguais entre si. O mesmo acontecerá para todas as proposições verdadeiras que podemos formar sobre o círculo. Aquele que define o ouro como uma substância maleável, dúctil, de cor amarela e muito pesada entender-se-á com um químico em tudo o que dirão sobre o *ouro*, embora o químico tenha acrescentado a essa idéia outras propriedades, desde que as proposições nas quais empregam a palavra *ouro* sejam igualmente verdadeiras para essas duas idéias diferentes. No entanto, deixariam de se entender em todas as proposições que seriam verdadeiras para uma substância que tem todas as propriedades que o primeiro conhece como ouro, e que não o seriam para uma substância com todas as que o químico reconhece no ouro. Essa é a diferença entre as palavras que exprimem idéias matemáticas e as que designam objetos reais. Se aplicarmos agora as mesmas observações às palavras da linguagem comum, às que exprimem idéias morais e cujo sentido não é determinado nem por uma análise rigorosa, nem pelas qualidades naturais de um objeto real, veremos como, com idéias diferentes, podemos ainda nos entender, mas que é mais fácil deixar de poder se entender. Uma vez expostos esses princípios, percebe-se, em primeiro lugar, o quanto seria quimérico exigir que as crianças só encontrassem nos livros palavras das quais tivessem idéias exatamente idênticas àquelas de um filósofo habituado a analisá-las. Por exemplo, até mesmo a maioria dos homens feitos terá apenas uma idéia muito vaga e muito pouco precisa das palavras gramaticais e mesmo das relações gramaticais que tais palavras exprimem. Contudo, não há inconveniente algum que uma criança leia *"je ai fait"* [eu fiz] e *"je fis"* [eu fiz], sem saber que o verbo *avoir* [ter], colocado antes do particípio do verbo *faire* [fazer], forma um pretérito desse verbo, enquanto um outro pretérito é formado por meio de uma mudança particular na própria terminação do

Cinco memórias sobre a instrução pública

verbo.* Para ela, disso resultará somente que a língua francesa não terá nenhuma vantagem em relação a uma outra na qual não haveria modo de distinguir esses dois pretéritos, nem a nuance de idéia que caracteriza a sua diferença. Ver-seá mesmo que, se fizermos uma criança conhecer, por meio de uma descrição, o animal, a planta, a substância designada por um nome, se os mostrarmos a ela, se a fizermos observar algumas de suas propriedades, é inútil que a descrição desse objeto se estenda a todas as propriedades que os distinguem dos outros objetos conhecidos. Para que a criança empregue a palavra com justeza, basta que tenha retido algumas das propriedades que distinguem tal objeto de todos os outros que ela conhece. Querer sujeitar a criança a só avançar de idéias precisas a idéias precisas, a só aprender as palavras depois de ter analisado rigorosamente as idéias que elas exprimem, seria destruir absolutamente a inteligência humana. Ela deve começar por idéias vagas e incompletas, para, em seguida, adquirir, pela experiência e pela análise, idéias cada vez mais precisas e completas, sem poder nunca atingir os limites com essa precisão e esse conhecimento completo dos objetos.

Portanto, por palavras que as crianças possam compreender, devem-se entender palavras que exprimem para elas uma idéia ao seu alcance, de modo que essa idéia, sem ser a mesma que um homem adulto teria, não encerre nada de contraditó-

---

* A comparação não encontra correspondência na língua portuguesa. Em francês, há duas possibilidades de construção do mesmo tempo passado (em português, o pretério perfeito): o passado simples e o passado composto. Essas duas formas, embora expressem o mesmo tempo verbal, são utilizadas em situações diferentes. (N.E.)

rio em relação a esta. As crianças seriam mais ou menos como aqueles que compreendem, de duas palavras sinônimas, apenas o que elas têm em comum, e a quem sua diferença escapa. Com essa precaução, os alunos adquirirão uma verdadeira instrução e não lhes daremos idéias falsas, mas somente idéias incompletas e indeterminadas, visto que elas não podem ter outras. De outro modo, seria impossível servir-se com elas da língua dos adultos. E como se forma uma linguagem particular na primeira infância, proporcional à fraqueza do órgão da palavra, seria necessário instituir uma língua proporcional à sua inteligência. Podem-se então empregar, nos livros destinados à criança, palavras que exprimem nuances, graus de sentimento que elas podem não conhecer, mas que tenham alguma idéia sobre esse sentimento. E, desde que a idéia principal expressa por uma palavra esteja ao seu alcance, é inútil despertar nelas todas as idéias acessórias que a linguagem ordinária associa a ela. As línguas não são obra dos filósofos; não se teve o cuidado de exprimir, por uma palavra distinta, a idéia comum e simples, da qual um grande número de palavras expressa modificações diversas. Nunca se pode sequer esperar que elas atinjam essa perfeição, já que as palavras só se formam depois das idéias e pela necessidade de exprimi-las. Os progressos do espírito precedem necessariamente os da linguagem. Há ainda outra coisa: se se deve dar às crianças uma análise exata, embora ainda incompleta, do sentido das palavras que designam os objetos físicos que queremos que conheçam ou das idéias morais sobre as quais queremos fixar sua atenção e daquelas que devem servir para esses desenvolvimentos, é impossível analisar com o mesmo escrúpulo as palavras de uso vulgar que somos obrigados a empregar para nos entendermos com elas.

Cinco memórias sobre a instrução pública

Haverá, pois, para as crianças, assim como para nós, duas maneiras de compreender as palavras: uma mais vaga, para as palavras comuns, e outra mais precisa, para aquelas que devem exprimir idéias mais refletidas. À medida que o espírito humano se aperfeiçoa, empregar-se-ão menos palavras da primeira maneira, mas elas nunca desaparecerão inteiramente da linguagem. E, de modo semelhante, deve-se procurar diminuir seu número, mas não ter a pretensão de poder passar sem elas.

Não se deve temer o emprego de palavras técnicas.

Observarei, além do mais, que se deve preferir empregar, nos livros das crianças, aquelas palavras técnicas que, seja para os objetos físicos, seja para os outros, são adotadas comumente. Essa língua científica é sempre mais bem feita do que a língua vulgar. As mudanças ocorrem nela de modo mais sensível e por meio de uma convenção menos tácita. Tais palavras exprimem em geral idéias mais precisas, designam objetos realmente mais distintos e respondem a idéias mais bem feitas e de análise mais fácil, já que freqüentemente esses nomes são até mesmo superiores a essa análise. Se o gosto as exclui das obras puramente literárias é porque a afetação de ciência feriria a delicadeza ou o orgulho dos leitores; elas espalhariam mais obscuridade do que trariam precisão.

Instrução para a segunda série.

No segundo ano, o livro de leitura conteria histórias morais; entretanto, os sentimentos naturais sobre os quais se pro-

Condorcet

curaria fixar a atenção já seriam mais refletidos. Nessa perspectiva, os primeiros movimentos da piedade seriam substituídos pelos da benevolência e das doçuras que acompanham o cuidado com a humanidade; o sentimento do reconhecimento seria substituído pelo prazer de manifestá-lo por meio de sinais, o zelo atento da amizade por suas doces emoções. Para essa idade, as histórias teriam também como objetivo fazer que nasçam idéias morais, de modo que as crianças, advertidas a prestarem atenção a seus sentimentos, a suas próprias avaliações, possam elas mesmas formarem essas idéias. O livro destinado ao professor lhe indicaria os meios de desenvolvê-las. Elas seriam em seguida fixadas no espírito dos alunos por meio de curtas análises feitas pelo professor, momento em que seu nome será revelado.

Reflexão sobre a língua das ciências morais.

Deve-se atribuir em grande parte a imperfeição das ciências morais à espécie de necessidade, na qual nos encontramos, de nelas empregar palavras que, na linguagem comum, têm um sentido diferente do seu sentido filosófico. É possível separar esses dois sentidos um do outro de maneira suficientemente absoluta, para que aquilo que resta de vago no primeiro não prejudique a precisão das idéias, mesmo quando a palavra deva ser utilizada no segundo sentido. Aliás, a maior parte dessas palavras eram conhecidas por aqueles que as pronunciavam, e eles se serviam delas no sentido vulgar muito tempo antes da época em que puderam aprender a empregá-las num outro; e, nas obras científicas, em vez de procurar aperfeiçoar em algumas o sentido vulgar com o auxílio de uma análise rigorosa, e de lhe dar, por esse meio, a precisão exigida pela linguagem filosófica, quase sempre se apelou para o método das definições abstratas. Na instrução, deve-se seguir um caminho contrário, de tal modo que essas palavras, mesmo quando empregadas no uso comum, tenham, para os alunos, a precisão do sentido filosófico. É preciso que o homem e o filósofo não sejam de algum modo dois seres separados, tendo linguagem, idéias e mesmo opiniões diferentes. Sem isso, como a Filosofia, que não é senão a razão metódica e precisa, poderia ser, algum dia, usual e vulgar? Assim, em todo estudo das ciências morais, ter-se-á o cuidado de substituir a definição pela análise e de não nomear uma idéia a não ser depois de tê-la fixado no espírito dos alunos, obrigando-os a adquiri-la, analisá-la e circunscrevê-la por si mesmos. É então que a justeza, que depende unicamente da precisão das idéias, poderá tornar-se realmente geral e não permanecerá como partilha exclusiva dos homens que cultivaram seu espírito; é então que a razão, tornada popular, será verdadeiramente patrimônio comum de nações inteiras; é então que, estendendo-se essa exatidão às idéias morais, ver-se-á desaparecer essa contradição vergonhosa para o espírito humano, entre uma sagacidade, que penetra os segredos da natureza ou vai procurar as verdades escondidas nos céus, e uma ignorância grosseira de nós mesmos e de nossos interesses mais caros.

Continuação dos assuntos que devem fazer parte da instrução.

Repetir-se-iam as descrições dos objetos físicos que haviam sido feitas no primeiro ano, acrescentando-se detalhes sobre outras qualidades menos impressionantes desses mes-

Condorcet

mos objetos, sua história, seus usos mais gerais ou mais úteis. Descrever-se-iam novos objetos, sempre aqueles possíveis de serem colocados sob os olhos dos alunos. E todas as descrições seriam combinadas, de modo que formassem uma parte da história natural do país onde habitam.

As regras da Aritmética seriam ensinadas limitando-se às quatro operações simples, as quais, na verdade, bastarão para todos os cálculos, se se tiver a sabedoria de empregar exclusivamente a escala numérica em todas as espécies de divisões.

O método para ensinar as ciências deve mudar segundo nossa finalidade ao ensiná-las.

Observaremos aqui que o método de ensino das ciências deve variar segundo a finalidade que nos propomos. Com efeito, se temos por objetivo abarcar a ciência inteira, ou pelo menos colocar os alunos em condições de aprofundá-la por si mesmos, torna-se útil, nesse caso, deter-nos desde os primeiros passos para exercitar durante muito tempo os alunos nas operações que lhes ensinamos. De fato, o hábito das idéias que se relacionam a essas operações, a prontidão na sua execução, a impossibilidade de esquecer seus princípios para só conservar a rotina, a facilidade de aplicá-las a questões novas, são o resultado natural e necessário do longo tempo dedicado a cultivar tal ciência. Por isso, desde que não se vá por demais rapidamente, que não se exceda a força da mente ou os limites da memória, deve-se, ao contrário, apressar a marcha da instrução, ir avante, temer esfriar o entusiasmo nascente dos alunos, arrastando-se devagar demais sobre as mesmas verdades, tornando pesada a sua reflexão sobre idéias que

Cinco memórias sobre a instrução pública

não têm mais o encanto da novidade. Mas, se ensinamos uma ciência tendo em vista a sua utilidade para algumas circunstâncias da vida, nunca seria demais investigar, familiarizar o espírito dos alunos com as idéias que são relativas a essa ciência, com as operações das quais podem ter necessidade de executar. Sem isso, eles logo esqueceriam os seus princípios e a própria prática. Se, enfim, ensina-se uma ciência como a base de uma profissão, é inútil reter os alunos na parte prática dessa ciência, porque o exercício da profissão à qual estão destinados conservará e até mesmo aumentará o hábito necessário a tal prática; porém, se não se quer que ela se torne uma rotina, será necessário que a educação insista muito sobre os princípios da teoria, para que os alunos não sejam levados logo a esquecê-la.

Qualquer um que tenha observado os homens na sociedade e os tenha comparado pela sua educação deve ter ficado impressionado ao ver que alguns não conservaram dela quase nenhuma idéia, exceto por uma lembrança vaga e somente alguns conhecimentos elementares das ciências que haviam ocupado grande parte de sua juventude e cujo estudo, mesmo que tenha sido levado bem longe, lhes tinha angariado os sucessos brilhantes que se podem ter nessa idade, enquanto outros, entregues às suas profissões essencialmente fundadas sobre certas ciências, esqueceram os seus princípios, tornaram-se incapazes de seguir os seus progressos, embora tenham guardado as conseqüências práticas desses princípios e tais progressos fossem úteis, talvez mesmo necessários ao sucesso de sua profissão. Entretanto, essas mesmas ciências tinham sido a base de sua instrução, tinham consumido, num estudo penoso, grande parte de sua existência.

Condorcet

Ora, aqui se trata de dar aos alunos os conhecimentos dos quais terão necessidade na vida comum.

Portanto, ao ensinar Aritmética às crianças, deve-se insistir muito sobre as razões de todas as operações que cada uma exige, e fazê-las multiplicar essas operações, a fim de torná-las habituais. Como é importante sobretudo que essa facilidade nunca esteja separada do conhecimento dos princípios, é preciso fazê-las adquirir esse hábito, exercitando-as com números cada vez menores, já que, sem isto, sua atenção não poderia ser suficiente para essa operação e, ao mesmo tempo, para observarem os princípios dos quais ela é a aplicação. A instrução deste segundo ano terminaria, enfim, com a exposição das primeiras noções de Geometria.

Instrução para a terceira série.

Na terceira série, as crianças já têm idéias morais que de algum modo elas mesmas formaram. As histórias que lhes serão então destinadas, e nas quais podemos fazer entrar palavras que a análise já associou a idéias justas, devem ter como finalidade dar maior extensão e precisão a essas idéias e aumentar o seu número. Elas devem, enfim, conduzir os alunos a compreender os preceitos da moral, ou antes, a inventá-los por si mesmos. Em nenhum gênero se pode ensinar ou provar uma verdade, se aquele a quem se quer ensiná-la ou demonstrá-la não foi levado de antemão ao ponto em que não lhe faltasse senão um pouco de atenção e de força mental para fazê-lo sozinho. O ensino consiste apenas em apresentar o fio que conduziu os inventores, em mostrar o caminho que eles percorreram, e os alunos farão necessariamente os raciocínios que

Cinco memórias sobre a instrução pública

eles fizeram ou que teriam podido fazer com um mesmo êxito. Dessa forma, os primeiros preceitos da moral, contidos, mas não explicitados, nas histórias que faremos as crianças lerem, seriam desenvolvidos em seguida pelo professor, que os conduziria a esses preceitos insensivelmente, como a um resultado que elas mesmas teriam descoberto, e que o professor apenas redigiu ou aperfeiçoou. Esse método, que, nas ciências matemáticas, seria apenas uma exageração do princípio segundo o qual se deve conformar o ensino à marcha natural do espírito humano, e que só serviria para retardar os progressos dos alunos, é necessário, contudo, ao ensino da moral, porque as idéias neste caso não se formam pela visão dos objetos sensíveis nem por combinações precisas de idéias abstratas, mas (pelo menos para as primeiras noções) pela reflexão de cada indivíduo a respeito de seu sentimento interior.

Dar-se-á continuidade aos conhecimentos de História Natural, dirigidos ao mesmo fim, e se tentará esgotar sua parte descritiva. Os alunos serão exercitados na Aritmética, não mais fazendo-os aplicar as regras a exemplos dados, mas lhes propondo pequenas perguntas que possam resolver sozinhos, e que sejam suscetíveis de serem reduzidas, primeiro, à aplicação de uma só regra, depois, a várias delas ao mesmo tempo.

Das noções de Geometria, os alunos serão levados aos elementos da Agrimensura, que serão desenvolvidos de modo suficiente a torná-los capazes de medir um terreno, não pelo método mais cômodo e com as simplificações usadas na prática, porém por um método geral cujos princípios sejam difíceis de esquecer, de sorte que a falta de uso não impeça que possam empregá-lo quando tiverem necessidade. As crianças seriam exercitadas a praticar no terreno; seriam também exercitadas a fazer figuras, seja com a régua e o compasso, seja à mão livre. Esse hábito proporcionará um domínio da arte do desenho suficiente para a maioria dos indivíduos, que só têm necessidade de fazer planos e reconstituir os objetos com uma exatidão grosseira.

Instrução para a quarta série.

A quarta série deve ser destinada em primeiro lugar à explicação dos princípios morais, pois já é tempo de apresentá-los aos alunos diretamente, e a um pequeno código de moral que seja suficiente para toda a conduta da vida, se excetuarmos os desenvolvimentos que remetem a certas relações das quais as crianças só podem ter uma vaga idéia, como a do marido com a mulher, do pai com os filhos, do funcionário público com os cidadãos. Percebe-se que não ponho entre esses desenvolvimentos, reservados para outra idade, aquele dos direitos básicos do homem e dos deveres simples e gerais que a ordem social impõe a todos os cidadãos. Os princípios e deveres fundamentais estão, mais do que se crê, ao alcance de todas as idades. Deve-se separar cuidadosamente essa moral de qualquer relação com as opiniões religiosas de uma seita particular, porque, se não for assim, seria preciso dar a tais opiniões uma preferência contrária à liberdade. Só os pais podem ter o direito de mandar ensinar essas opiniões aos seus filhos ou, antes, a sociedade não tem o direito de impedi-los. Exercendo esse poder, talvez eles faltem para com as regras de uma moral severa, talvez sua boa-fé em sua crença não desculpe a temeridade de confiá-la a um outro, antes que este esteja em condições de julgá-la. Todavia, não se trata aqui de uma destas vio-

Cinco memórias sobre a instrução pública

lações diretas do direito natural, comum a todo ser sensível, contra as quais as leis e a sociedade devem proteger a infância, defendendo-a da autoridade paterna. Não se deve nem mesmo associar a instrução moral às idéias gerais da religião. Que homem esclarecido ousaria dizer, hoje em dia, que os princípios que regulam nossos deveres não possuem uma verdade independente dessas idéias, ou que o homem não encontra em seu coração motivos para cumprir esses deveres e, ao mesmo tempo, sustentar que existe uma única opinião religiosa, contra a qual um espírito justo não possa encontrar objeções insolúveis para ela? Por que apoiar deveres que repousam sobre verdades eternas e incontestáveis sobre crenças incertas? E que não venham me dizer que uma tal opinião é irreligiosa! Ao contrário, nunca a religião se tornará mais respeitável do que no momento em que se limitar a dizer: conheceis estes deveres que a razão vos impõe, aos quais a natureza vos chama, que vos aconselha o interesse por vossa felicidade, que vosso próprio coração aprecia no silêncio das paixões. Ora, venho vos propor novos motivos para cumprir esses deveres; quero acrescentar uma felicidade mais pura à felicidade que vos prometem, uma recompensa pelos sacrifícios que algumas vezes eles exigem. Não vos dou um jugo novo; quero tornar mais leve o jugo que a natureza vos impunha; eu não ordeno, eu encorajo e consolo.

Os alunos que deverão limitar-se aos primeiros graus da instrução e que, desde a idade em que acaba esse primeiro grau, se dedicam a ocupações domésticas, não podem reservar tempo suficiente ao estudo nem prolongá-lo o bastante para que se possa presumir, em sua instituição, o conhecimento detalhado de seus direitos naturais e políticos, de seus deveres públicos, da constituição estabelecida e das leis positivas. Devemos nos restringir, no seu caso, à exposição de uma declaração de direitos mais simples, que esteja tão ao alcance dos alunos quanto for possível. Desta declaração se deduziria a de seus deveres, que consistem em respeitar no outro os mesmos direitos que sentem lhes pertencer. Acrescentar-se-iam as noções mais simples da organização das sociedades e da natureza dos poderes, que são necessárias à sua conservação. Mas o resto da instrução política deve, para eles, confundir-se com aquela que é destinada aos homens adultos. E isso é tanto mais fácil de estabelecer quanto seria ainda útil lembrá-los desses conhecimentos, fortificá-los por meio de leituras e explicações habituais, mesmo que estes façam parte de sua primeira instrução. Neste último ano, dar-se-ia um resumo da História Natural do país, do qual uma grande parte já teria sido desenvolvida nos anos precedentes. Acrescentar-se-ia ainda a aplicação desses conhecimentos à agricultura e às artes mais comuns. Os alunos se aperfeiçoariam na Agrimensura, à qual se juntaria a arte de medir os terrenos com a toesa. Esse estudo oferecerá muitas ocasiões de fortalecê-los no hábito da Aritmética. Enfim, o curso terminaria pelas noções de Mecânica, pela explicação dos efeitos das máquinas mais simples, por uma exposição elementar de alguns princípios de Física, por um quadro bem abreviado do sistema geral do mundo.

A instrução deve também ter como objetivo premunir contra o erro.

Esta última parte teria como objetivo menos apresentar verdadeiras luzes do que preservar do erro. Uma das maiores

Cinco memórias sobre a instrução pública

vantagens da instrução, com efeito, é a de proteger os homens contra as falsas opiniões nas quais podem se afundar por causa de sua própria imaginação e pelo entusiasmo pelos charlatães. Dentre esses preconceitos que seduziram as nações, e algumas vezes seduziram a humanidade inteira, dificilmente poderíamos citar um só que não esteja apoiado sobre alguns erros grosseiros na Física. Freqüentemente mesmo, foi aproveitando-se com habilidade desses erros grosseiros que alguns homens conseguiram que se adotassem seus sistemas absurdos. Os desvios de uma imaginação ardente não conduzem a projetos perigosos ou a vãs esperanças, se ela não estiver reunida à ignorância. Essa imaginação passiva, que cria ilusões estranhas, tão diferente da imaginação ativa que combina e inventa, tem como primeira causa o vazio de idéias justas e a grande abundância de idéias vagas e confusas.

Reflexões sobre o método de ensinar.

Não exercitaremos as crianças a aprender muito de memória, mas faremos que relatem a história, a descrição que acabam de ler, o sentido da palavra que acabam de escrever, e por esse meio aprenderão a reter as idéias, o que é melhor do que repetir palavras. Aprenderão, ao mesmo tempo, a distinguir as expressões que não podem ser alteradas sem que se lhes desvirtue o sentido, e que é preciso guardar rigorosamente na memória. Isso trará também a vantagem de que os alunos cuja memória é ingrata não se cansarão inutilmente, enquanto os que possuem essa faculdade num grau maior, mas que têm uma inteligência mais fraca, aprenderão a memorizar com exatidão, suplemento útil àquilo que a natureza negou ao espírito.

Condorcet

Examinando esse quadro da primeira instrução, esperamos que nele se veja a tripla vantagem de conter os conhecimentos mais necessários, formar a inteligência, ao lhe dar idéias justas, exercendo a memória e o raciocínio, enfim, colocar o aluno em condições de seguir depois uma instrução mais extensa e mais completa. Ao cumprir esse primeiro objetivo da educação, que deve ser o de desenvolver, fortalecer e aperfeiçoar as faculdades naturais, ter-se-ão escolhido, para exercer tais faculdades, assuntos que terão, pelo resto de sua vida, uma utilidade diária. Ao formar o plano desses estudos, como se devessem ser os únicos e para que bastem aos cidadãos em geral, nós os combinamos contudo de modo que possam servir de base a estudos mais prolongados e que nada do tempo empregado a segui-los seja perdido para o resto da instrução.

Ao unir, como se propôs, a leitura à escrita, ao apresentar as primeiras idéias morais em histórias que despertem o interesse, misturando o estudo da Geometria à diversão de ora fazer figuras, ora operações em terrenos, só falando, nos elementos de História Natural, de objetos que se podem observar e cujo exame é prazeroso, tornaremos a instrução fácil. Ela perderá o que poderia ter de desagradável, e a curiosidade natural à infância será um aguilhão suficiente para provocar a determinação pelo estudo. Percebe-se o quanto seria absurdo impor a lei de fazer as crianças entenderem para que serve cada conhecimento que lhes oferecemos, pois se algumas vezes é desagradável aprender aquilo cuja utilidade não se conhece, é mais freqüentemente impossível conhecer, a não ser pela palavra, a utilidade do que ainda não se sabe. No entanto, a curiosidade não é um destes sentimentos fictícios que devem ser afastados da alma nova e ainda fraca das crianças. Ela é, mais do que

Cinco memórias sobre a instrução pública

a glória, o motivo dos grandes esforços e das grandes descobertas. Assim, longe de pensarmos em extingui-la, como já aconselhou algumas vezes não somente essa moral supersticiosa, ensinada pelos hipócritas que desejam eternizar a ignorância humana, mas mesmo essa falsa filosofia, que colocava a felicidade na apatia e a virtude na privação, deve-se, ao contrário, procurar com ainda mais cuidado excitar esse sentimento nos alunos, destinados, em sua maioria, a não ir além dos primeiros estudos, quanto nos homens que têm poucos conhecimentos, cujas necessidades são limitadas, cujo horizonte estreito só oferece um círculo uniforme e que cairiam numa letargia estúpida, se fossem privados desse recurso. Aliás, a natureza associou o prazer à instrução, desde que esta seja bem dirigida. Com efeito, tal instrução é o desenvolvimento de nossas faculdades intelectuais e, como esse desenvolvimento aumenta nosso poder e, conseqüentemente, nossos meios para a felicidade, dela resulta um prazer refletido, ao qual se une ainda o de ser libertado desta inquietação penosa que acompanha a consciência de nossa ignorância e que produz o medo vago de não estarmos em condições de nos defender dos males que nos ameaçam.

Todavia, é na casa dos pais que as crianças devem receber maior encorajamento para o estudo. Elas serão aquilo que seus pais quiserem que sejam. O desejo de receber sua aprovação, de serem amadas por eles é a primeira de suas paixões. E seria ultrajar a natureza ir buscar outros encorajamentos para o trabalho, outro encanto contra os desgostos passageiros daqueles que, por uma feliz facilidade, não encontram no trabalho um prazer.

Segundo grau de instrução.

Só se podem criar estabelecimentos para o segundo grau de instrução em centros de uma certa divisão territorial, por exemplo, em cada distrito.

Divisão do ensino em duas partes.

Neste segundo grau, o ensino deve ser necessariamente separado em duas partes. Na primeira, um curso regular de instrução geral dará continuidade àquela que já foi recebida. Esse curso durará quatro anos, o que obriga a que se tenham dois ou quatro professores, a fim de que o ensino de um deles possa corresponder, em cada ano, a uma das quatro divisões do curso, e que cada um possa percorrer, sucessivamente, a totalidade para a mesma classe de alunos. A segunda parte será destinada a ensinar, com mais detalhes e maior extensão, as ciências particulares cuja utilidade for maior. E, assim, seja que os cursos particulares dessas ciências durem um ou dois anos, serão distribuídos de modo que cada aluno possa seguir todos no espaço de um ano, ou seguir um só e repeti-lo várias vezes.

Utilidade dessa divisão para facilitar os meios de proporcionar a instrução às faculdades dos alunos.

Em conseqüência, todos os alunos receberão uma instrução comum suficiente para cada um e ao alcance daqueles que têm uma inteligência comum, enquanto aqueles cujas disposições são mais felizes encontrarão nos cursos particulares uma

Cinco memórias sobre a instrução pública

instrução proporcional às suas faculdades e apropriada a seus gostos. Com efeito, essas disposições quase exclusivas para uma ciência, essa inaptidão por algumas outras, não impedem que se aprendam os seus primeiros elementos até o ponto em que se pode considerá-los conhecimentos necessários. De outro lado, ocorrerá com freqüência que crianças cujo espírito anunciava uma lentidão próxima da estupidez, despertadas pelo estudo cujos objetos mantêm com sua alma uma simpatia, desenvolverão suas faculdades que, sem essa facilidade de escolher, teriam permanecido na letargia. Se se deve dirigir a instrução para os conhecimentos cuja aquisição é útil, não é menos importante escolher, para exercitar as faculdades de cada indivíduo, os objetos para os quais ele é levado por um instinto natural, e uma instituição que não reunisse essas duas vantagens seria imperfeita.

Objetos da instrução comum.

Os objetos da instrução comum devem ser aqui, de início, um curso muito elementar de Matemática, de História Natural e de Física, absolutamente dirigido para as partes dessas ciências que podem ser úteis na vida comum. Acrescentar-se-ão os princípios das ciências políticas, em que serão desenvolvidos os princípios de constituição nacional; serão explicadas as principais disposições das leis segundo as quais o país é governado; serão apresentadas as noções fundamentais da Gramática e da Metafísica, os princípios elementares da Lógica, algumas instruções sobre a arte de exprimir as idéias e elementos de História e de Geografia. Será retomado o código moral, para aprofundar seus princípios e completá-lo, ten-

Condorcet

do-se o cuidado de insistir sobre aqueles deveres cujo conhecimento detalhado estava acima das faculdades da primeira fase e cujo desenvolvimento teria sido então inútil. Nessa instrução, seguir-se-á um caminho semelhante ao que foi percorrido antes, mas se terá o cuidado de combinar as diversas partes, de modo que um homem que reunisse a esta instrução a probidade, a aplicação e os conhecimentos dados pela experiência tivesse condições de exercer dignamente todas as funções para as quais quisesse se preparar. A instrução, qualquer que ela seja, nunca colocará um homem em condições de ocupar imediatamente um emprego público que se lhe quiser confiar, porém ela deve oferecer de antemão os conhecimentos gerais sem os quais somos incapazes para qualquer função, e a facilidade de adquirir os conhecimentos exigidos em cada gênero de emprego.

Ensino das diversas partes das ciências.

Quanto às partes das ciências que devem ser ensinadas separadamente, poderíamos nos contentar aqui com quatro professores, adotando a seguinte distribuição: as ciências morais e políticas, as ciências físicas fundadas na observação e na experiência, as Matemáticas e as partes das ciências físicas baseadas no cálculo; enfim, a História e a Geografia política, que poderiam ser confiadas a um professor que ensinasse ao mesmo tempo a Gramática e a arte de exprimir as idéias. Não entrarei aqui no detalhe do que deverão conter essas diversas partes da instrução. Já observamos que elas devem ter por objeto os conhecimentos cuja aquisição seja boa tanto para a felicidade própria, quanto para ocupar dignamente todas as

Cinco memórias sobre a instrução pública

funções da sociedade. Desse ponto de vista, será fácil traçar o plano de cada uma.

Princípios sobre a escolha das teorias que devem ser ensinadas.

É preciso dar preferência às teorias cuja aplicação seja mais comum. Assim, por exemplo, no ensino das matemáticas, deve-se levar os alunos a compreender e seguir os cálculos de Aritmética política e comercial e os elementos das teorias sobre as quais se apóiam tais cálculos. Seria igualmente necessário dedicar-se aos conhecimentos necessários para não ser enganado por aqueles que oferecem máquinas, projetos de manufaturas, planos de canais, e para administrar os trabalhos públicos sem ser condenado a uma confiança cega nos profissionais da arte. Uma espécie de charlatanice quase sempre acompanha os que se entregam tão-somente à prática. Eles precisam de artifícios, seja para esconder dos homens esclarecidos o fato de que seu mérito se limita à paciência, à facilidade que vem do hábito, aos conhecimentos de detalhes que só a prática pode dar, seja para colocar a glória de suas pequenas invenções ao lado da glória que recompensa as verdadeiras descobertas e dissimular sua inferioridade sob a máscara de uma utilidade que exageram. Os administradores ignorantes tornam-se facilmente presas desse artifício. A ciência de um hábil construtor de pontes e a ciência de D'Alembert estão situadas muito acima deles para que possam apreciar a diferença que há entre elas, e aquele que executa aquilo que os limites estreitos de seus conhecimentos impede de compreender é, para eles, um grande homem. A ignorância nunca repousa com maior segurança do que na charlatanice, e os erros grosseiros daqueles que têm autoridade para decidir sem a faculdade de julgar ofereceriam ao observador filósofo um espetáculo quase sempre cômico, se fosse possível esquecer os males que são o seu efeito. Pela mesma razão, deve-se dar preferência às partes da Física que são úteis à economia doméstica ou pública e, em seguida, às que engrandecem o espírito, que destroem os preconceitos e dissipam terrores vãos, que, enfim, desvelando aos nossos olhos o majestoso sistema da natureza, afastam de nós os pensamentos estreitos e terrestres, elevam nossa alma a idéias imortais, e que são uma escola de Filosofia mais do que uma escola de ciência.

Há uma parte da Mecânica que seria necessário acrescentar a esta instrução; é a que ensinaria a resolver o seguinte problema: *dado o efeito que se quer obter, encontrar uma máquina que produza esse efeito.* A Mecânica das máquinas em geral só ensina a calcular suas forças e o produto; essa outra parte ensinaria a aplicar os próprios meios aos efeitos. Nesse sentido, para ilustrar, mostraríamos de que modo, tendo uma força que age numa direção, se pode fazê-la produzir um efeito noutra direção, ou como aquela força que é dirigida sempre num mesmo sentido pode agir alternadamente em dois sentidos opostos ou resultar num movimento circular; de que modo, com uma força de pouca intensidade, pode-se vencer uma grande resistência, ou comunicar um movimento rápido com uma força que tem somente uma ação lenta; de que modo se pode obter um movimento sempre uniforme, mesmo quando ele depende de uma força irregular, e tornar constante a ação daquela que tende a se acelerar ou se retardar. Poder-se-ia até mesmo estender esse método a ofícios mais simples. Por exemplo: depois de ter feito observar em que consiste um tecido, procurar-se-ia a

Cinco memórias sobre a instrução pública

máquina com a qual se poderia fabricá-lo. Esse modo analítico de considerar as máquinas tornaria seu estudo mais interessante e, sobretudo, mais útil. Conheceríamos os motivos da construção das máquinas que são empregadas diariamente, aprender-se-ia a encontrar os meios de consertá-las ou de variar o seu uso. O gênio da Mecânica, treinado por esta instrução para uma marcha metódica, excitado pelos exemplos, desenvolver-se-ia mais rapidamente e ficaria menos vulnerável a se perder.

A parte da Lógica destinada à instrução geral deve ser bem simples e limitar-se a algumas observações sobre a forma e os diversos graus de certeza ou de probabilidade das quais são suscetíveis.

Modo de ensinar a Geografia e a História.

Ao falar do ensino da Geografia e da História, não quero dizer que um professor fique encarregado da descrição de um país, nem me refiro a um resumo mais ou menos detalhado dos fatos que formam a história de um povo. Tais conhecimentos são adquiridos mais facilmente sem professor e pela leitura. Refiro-me a uma explicação mais ou menos desenvolvida de um quadro que, seguindo a ordem do tempo, apresentaria para cada época a distribuição da espécie humana sobre o globo, seu estado em cada uma dessas divisões, o nome dos homens que tiveram uma influência importante ou durável sobre sua felicidade. Ao ensinar assim a ordenar, seja no tempo, seja no espaço, os fatos e as observações que nos foram transmitidos, criaríamos o hábito de apreender seus vínculos e relações e ensinaríamos ao aluno a criar para si mesmo uma

Condorcet

filosofia da História, à medida que os detalhes fossem estudados na seqüência.

Esses quadros podem ser de uma grande utilidade todas as vezes que se trata, não de seguir um pequeno número de raciocínios ou de combinar idéias adquiridas pela meditação, mas de apreender as analogias entre um grande número de fatos isolados ou de verdades parciais. Existem poucos homens cuja memória possa ser situada no mesmo plano de sua inteligência, e é muito difícil compensar isso com livros, mesmo que estes fossem feitos com método e numa ordem sistemática. Os objetos que devem ser reunidos num livro com os detalhes ou os desenvolvimentos exigidos por um curso contínuo são menos fáceis de ser distinguidos: colocados em páginas diferentes, não conseguimos abarcá-los de uma só vez e somos forçados a formar um quadro no pensamento ou então compor esse quadro por nós mesmos. Porém, essa vantagem não é a única. É difícil apropriar-nos efetivamente de todos os conhecimentos recebidos no curso da educação. Uma parte se apaga da memória e uma maior facilidade para adquiri-los por um novo estudo é quase o único benefício que se tira da primeira instrução. Essa observação é verdadeira, especialmente em relação aos conhecimentos que não são relembrados sem cessar pelo exercício cotidiano e que são estranhos a nossas idéias habituais. Ora, estes quadros bem feitos compensariam essa falta de uso ou de memória. Esse meio foi freqüentemente empregado: existem quadros para um grande número de ciências físicas, para a cronologia, para a História e até mesmo para a Economia política. Alguns deles, que são relativos às ciências físicas, são feitos com muita Filosofia e toda a extensão de conhecimento exigida por tal tipo

Cinco memórias sobre a instrução pública

de trabalho, e o quadro da ciência econômica combinado pelo Senhor Dupont pode ser apresentado aos filósofos professores como um modelo digno de ser estudado e meditado. Todavia, estamos longe de ter tirado desse meio toda a utilidade da qual ele é suscetível, e indicarei quadros muito importantes, quando se tratar da educação dos homens. Limitar-me-ei aqui a dizer que será útil compor um quadro para cada gênero de ciência, a fim de que cada aluno possa, por esse meio, rever de uma só vez e se lembrar do que lhe foi sucessivamente ensinado, abarcar desse modo o resultado de sua instrução inteira, e poder torná-la presente para si em qualquer momento. Acrescentarei que o ensino da Geografia e da História deve se restringir à explicação de tais quadros, uns cronológicos, outros geográficos. Será indispensável associar também uma obra que contenha os conhecimentos necessários aos professores para explicar esses quadros e que lhes mostre qual é o seu método.

Ensino da arte de expressar as idéias.

Falei do ensino da arte de exprimir e desenvolver as idéias. Os meios de uma arte devem conformar-se aos efeitos que se quer que ela produza. Na Antigüidade, em que a imprensa era desconhecida, em que o poder das nações civilizadas tinha sempre residido numa só cidade, em que só havia o povo em geral para ser persuadido ou seduzido, era pela palavra que se decidiam as grandes questões. A impossibilidade de ter um grande número de cópias de toda discussão extensa tornava pouco importante o uso que se poderia tirar da escrita. Quando a forma do governo romano mudou, a pouca tranqüilidade

Condorcet

da forma que substituiu a república não permitiu a aquisição de novos hábitos. Os antigos, pois, não se ocuparam, em suas escolas, a não ser dos meios de falar, e haviam levado essa arte a um ponto que prova a importância que ela tinha para eles. Sem dúvida, não tinham a intenção de ensinar o talento ou o gênio, de mostrar o segredo de ter o espírito da eloqüência, de ser engenhoso ou sublime, veemente ou patético. De fato, ensinavam métodos com o auxílio dos quais um homem mediano poderia pronunciar imediatamente, ou preparar em muito pouco tempo, um discurso regularmente disposto e feito com ordem. Indicavam os defeitos que prejudicavam a harmonia do estilo ou a impressão do discurso; ensinavam os meios para produzir efeitos, ora por alguns artifícios de harmonia, ora por formas oratórias, picantes ou apaixonadas, e a arte de dissimular assim o vazio das idéias ou a ausência de sentimentos. Evidenciavam de que modo, ao inserir no discurso passagens brilhantes, preparadas de antemão, compensava-se a falta de tempo, podia-se dar a esses discursos improvisados um caráter imponente, aumentava-se a influência que eles poderiam ter sobre os juízes ou sobre o povo, fazendo que fossem admirados o talento ou as luzes do orador, que parecia falar sob a inspiração do momento e ter tirado do fundo de si mesmo os fragmentos ricos de idéias ou sedutores pela expressão. Enfim, ao sair dessas escolas, um homem comum tornava-se um orador passável, em condições de defender sua opinião numa assembléia, de sustentar a causa de seu cliente ou a sua; de, sem ser humilhado, mostrar-se ao lado dos mestres da arte, e de não perder por uma elocução trivial e fraca o peso que os talentos de um outro gênero lhe tivessem dado.

Cinco memórias sobre a instrução pública

Depois da invenção da imprensa, ao contrário, se excetuarmos um pequeno número de casos, é pela escrita nos negócios particulares e pela impressão nos negócios públicos que é decidida a maioria das questões, mesmo que o poder possa residir numa assembléia numerosa e, logo, popular. Com efeito, como essa assembléia não é o povo inteiro, mas somente o corpo de representantes, se ela adquirisse o hábito de ceder à eloqüência falada, logo perderia sua autoridade, se as razões escritas não levassem a opinião pública na mesma direção, se os discursos impressos que a persuadiram não agissem com uma força igual sobre a razão ou sobre a alma dos leitores. Por conseguinte, quanto mais esclarecidos os povos forem, e quanto mais aumentar a facilidade de difundir rapidamente as idéias pela impressão, mais também diminuirá o poder da palavra e mais útil se tornará influenciar, ao contrário, por obras impressas. A arte de fazer discursos escritos é, pois, a verdadeira retórica dos tempos modernos, e a eloqüência de um discurso é precisamente aquela de um livro feito para ser compreendido por todos os espíritos, numa leitura rápida.

Em que consiste essa arte agora, não digo em si mesma, mas considerada parte do ensino estabelecido pela nação? O poder público não trairia a confiança do povo, se mandasse ensinar a arte de seduzir a razão pela eloqüência? Não seria, ao contrário, um de seus deveres procurar, pelo sistema da instrução, fortalecer a razão contra essa sedução, dar-lhe os meios de dissipar as ilusões, discernir as armadilhas?

Na educação destinada a todos, deve-se, portanto, limitar-se a ensinar a arte de escrever uma memória ou uma opinião com clareza, simplicidade, método; de desenvolver as razões com ordem, com precisão; de evitar, com um cuidado igual, a negligência e a afetação, o exagero e o mau gosto.

Condorcet

O professor particular poderá, além disso, ensinar a arte de apresentar um conjunto, de encadear ou classificar as idéias, de escrever com elegância e nobreza, de preparar os efeitos e sobretudo de evitar os defeitos que a natureza pôs junto a cada uma das grandes qualidades do espírito. Ele ensinaria aos seus alunos, exercitando-os com exemplos, a discernir o erro no meio das ilusões da imaginação ou da embriaguez das paixões, a apreender a verdade, a não exagerá-la, mesmo apaixonando-se por ela. Assim, os homens nascidos para serem eloqüentes só seriam eloqüentes para a verdade, e aqueles a quem esse talento fosse recusado poderiam ainda agradar apenas pela verdade e fazer que a razão fosse amada, embelezando-a.

Motivos para se dar maior liberdade ao ensino das ciências particulares.

Enquanto as obras ensinadas na educação seguida por todos os alunos serão feitas por homens encarregados dessa tarefa pela autoridade pública, seguir-se-á um caminho oposto para os livros ensinados por professores associados a uma ciência particular. Tais professores, submetidos a uma regra comum, escolheriam eles mesmos um livro próprio para ser a base de seu ensino.

Os livros destinados à educação geral conteriam elementos muito simples e, conseqüentemente, princípios cuja verdade deve ser reconhecida de um modo geral. Não há nenhum inconveniente no fato de que o poder público dirija a sua composição. Este é mesmo um meio de se assegurar que eles serão os melhores, e de impedir que a superstição ou a negligência desvirtuem a instrução. Aliás, os livros devem raramente ser

Cinco memórias sobre a instrução pública

mudados. As verdades que, em cada época, podem ser consideradas próprias para formar os elementos de uma ciência só a longo prazo podem sofrer influência de novas descobertas. Para ter necessidade de reformá-las, é preciso que os progressos sucessivos da ciência tenham produzido uma espécie de revolução nos espíritos. Ao contrário, ao deixar aos professores a liberdade de escolher os outros livros, se lhes dá um outro motivo de emulação, se lhes permite fazer que os alunos aproveitem o que cada progresso da ciência pode oferecer de curioso ou de útil e, ao mesmo tempo, se mantém a liberdade do ensino, impede-se o poder público de dirigi-lo, por meio de pontos de vista particulares, já que necessariamente esses pontos de vista seriam então contrariados por professores mais esclarecidos e que têm sobre os espíritos uma autoridade maior do que aquela dos depositários do poder. Essa separação da instrução em duas partes, essa diferença na maneira de escolher os livros destinados ao ensino são o único meio de conciliar a influência sobre a instrução, que é, simultaneamente, para o poder público um direito e um dever, com o dever real de respeitar a independência dos espíritos, o único meio de lhe conservar uma atividade útil, sem prejudicar a liberdade de opiniões; ela poderá servir aos progressos da razão sem arriscar-se a se desviar, e não será exposta a retardar a marcha do espírito humano, somente querendo regrá-la ou acelerá-la.

Utilidade de fazer que alguns alunos sejam educados à custa do público.

O poder público não cumpriria o dever de manter a igualdade e tornar proveitosos todos os talentos naturais, se abandonasse a si mesmas as crianças das famílias pobres que tivessem mostrado o germe de seu talento em seus primeiros estudos. É preciso, nesse sentido, que em cada uma das cidades em que existem estabelecimentos do segundo grau haja uma ou antes duas casas de educação nas quais é educado, à custa da nação, um determinado número desses alunos. Com efeito, deve-se estabelecer uma dessas casas para cada sexo: é somente na instrução e não na educação que pode ser útil reuni-los. Seria bom que tais casas pudessem ser abertas às crianças mantidas por seus pais; não somente se diminuiria com isso as despesas desses estabelecimentos, como seria a única forma de o poder público ter influência sobre a educação sem atentar contra a independência das famílias, de apresentar um modelo de instituição sem lhe dar outra autoridade a não ser a de seus princípios e de seus sucessos, de prevenir a charlatanice, as idéias exageradas ou bizarras, que poderiam corromper as casas particulares de instituição, sem, contudo, coibir sua liberdade. Entretanto, como colocar juntas essas crianças, sem se expor aos efeitos funestos de uma distinção humilhante entre alunos que pagam e os que não pagam? Se outrora se conseguiu evitar isso, nas casas onde eram exigidas provas, é porque o orgulho da riqueza era sacrificado ao orgulho do nascimento, e esse sacrifício era mesmo uma das máximas da vaidade da nobreza. Mas não se deve crer que o mesmo possa ocorrer com o orgulho que se associaria ao respeito pela igualdade natural. Esse sentimento, que os homens menos feitos para tê-lo no coração hoje fingem exageradamente possuir, por muito tempo ainda não estará ao alcance das almas comuns. Quando não pode ainda ser resultado da educação e do hábito de obedecer a leis igualitárias, ele só pertence à consciência

Cinco memórias sobre a instrução pública

profunda da verdade, uma das mais doces recompensas daqueles que se dedicam a procurá-la, este sentimento de grandeza pessoal que acompanha o gênio e sobretudo a virtude. Entretanto, há um outro meio de evitar o inconveniente dessa mistura entre a criança do rico e a do pobre. O fim principal da despesa que uma nação se impõe, então, é o de desenvolver os talentos cuja utilidade se prevê. Não se trata de socorrer ou recompensar uma família, mas de formar um indivíduo para a pátria. Pode-se, assim, convocar para isso todas as crianças igualmente, e confundir uma honra com um auxílio, de modo que essa instituição de crianças à custa do Estado se torne um meio de emulação e, como uma emulação, não pode ser prejudicial.

Com efeito, não se deve preferir somente aqueles que mostrarem facilidade, mas os que acrescentarem a essa facilidade a aplicação, um bom caráter e boas qualidades para sua idade. Ora, não é perigoso inspirar nas crianças o desejo de serem preferidas pela reunião de todas essas vantagens. Um prêmio que uma criança altiva, viciosa, relapsa, pode receber por alguns esforços é somente um encorajamento corruptor que ensina preferir a espirituosidade à virtude, os aplausos à estima, o ruído dos sucessos ao orgulho de merecê-los. O mesmo não aconteceria se não se recompensassem qualidades involuntárias, somente um grau um pouco superior de facilidade e inteligência, e se se ensinasse sentir desde cedo o quanto é importante merecer a benevolência e a estima. Eu gostaria, pois, que as crianças de famílias ricas, quando merecessem, fossem educadas à custa do público, e que os pais vissem nessa escolha uma distinção honrosa. Nunca os benefícios particulares podem ser considerados humilhantes em si mesmos, a não ser por uma vaidade tanto mais ridícula que, se pensarmos bem, se verá que é a vaidade da riqueza. Um homem que, pela sua fortuna, está livre da necessidade e mesmo do desejo de aumentar seu bem-estar nunca gastou sua renda só para si. Se ele é generoso, não se limita aos gozos pessoais; uma parte de sua riqueza é necessariamente empregada com despesas úteis inspiradas pelo espírito público e pela benevolência, e aquilo que recebesse da nação só estenderia esse emprego respeitável de sua fortuna. Na verdade, ao não se limitar a escolher, nas famílias pobres, encorajar-se-á um número menor de talentos que o acaso exporia a serem negligenciados; contudo, a preferência, para igual mérito, seria sempre para o mais pobre. Aliás, o número dos que receberiam auxílio e que não precisariam dele seria proporcionalmente muito baixo, para que se deva sacrificar o benefício de manter na instrução uma igualdade mais total, ao se instruírem algumas crianças a mais.

Terceiro grau de instrução.

Passo agora ao terceiro grau de instrução. A geral seria dada na capital de cada departamento, por quatro professores que seguiriam cada curso de quatro anos, e consistiria em ensinar os mesmos conhecimentos, dando-lhes um maior desenvolvimento e extensão. Fixar-se-iam, como no segundo grau de instrução, os limites de cada estudo de acordo com o duplo princípio de deter-se naquilo que é de utilidade imediata para os cidadãos que só querem se preparar dignamente para todas as funções públicas, e de respeitar, sem exceder, os limites daquilo que uma inteligência mediana possa entender, reter e conservar.

Cinco memórias sobre a instrução pública

Distribuição das ciências entre os professores.

Quanto às ciências que devem ser ensinadas separadamente, seriam as mesmas do segundo grau, mas divididas entre um número maior de professores. Um deles seria encarregado da Metafísica, da Moral e dos princípios gerais das constituições políticas; um outro, da Legislação e da Economia política; o terceiro ensinaria as Matemáticas e suas aplicações às ciências físicas e políticas; um quarto, suas aplicações às ciências morais e políticas. A Física, a Química, a Mineralogia – e suas aplicações às Artes – seriam objeto das lições do quinto professor. A Anatomia e as outras partes da História Natural, seus usos na Economia rural ocupariam o sexto. O sétimo ensinaria a Geografia e a História; o oitavo, a Gramática e a arte de escrever. Acreditou-se dever procurar aqui uma divisão filosófica das ciências, mas se seguiu aquela que mais está conforme às relações atuais entre suas diferentes partes, à natureza e ao método que empregam ou às qualidades que exigem dos estudantes e dos mestres, e, o que é uma conseqüência necessária, à facilidade de encontrar um número suficiente de homens capazes de ensiná-las.

Do ensino das línguas antigas.

Se se quisesse acrescentar o ensino de línguas antigas, o latim e o grego, por exemplo, um único professor bastaria para essas duas línguas, cujo curso seria de dois anos. Numa instrução destinada pelo poder público aos cidadãos em geral, devemos nos contentar em colocar os alunos em condições de entender as obras mais fáceis escritas nessas línguas, a fim de que possam, em seguida, aperfeiçoar-se por si mesmos, se quiserem fazer delas objeto particular de seus estudos. Entretanto, se os espíritos renunciaram ao jugo da autoridade, se, doravante, deve-se crer naquilo que está provado e não no que outrora pensavam os doutores de um outro país; se devemos nos conduzir segundo a razão e não segundo os preceitos ou exemplos dos povos antigos; se as leis, tornando-se a expressão da vontade geral, que, ela mesma, deve ser o resultado de luzes comuns, não são mais conseqüência de leis estabelecidas antes por homens que tinham outras idéias ou outras necessidades, como o ensino das línguas antigas seria uma parte essencial da instrução geral? Elas são úteis, dir-se-á, aos sábios, àqueles que se destinam a certas profissões; elas devem, pois, ser remetidas a essa parte da instrução. O gosto, acrescentar-se-á, forma-se pelo estudo dos grandes modelos; porém, o gosto, levado a esse grau no qual se tem necessidade de comparar produções de diferentes séculos e de línguas diversas, não pode ser um objeto importante para toda uma nação. Perguntarei, na seqüência, se a razão dos jovens alunos será formada o suficiente para distinguir, nesses grandes modelos, os erros que aí se encontram, misturados a um pequeno número de verdades, para separar o que pertence aos seus preconceitos e seus hábitos, para julgá-los por si mesmos, em vez de adotar seus julgamentos. Perguntarei se o perigo de perder-se ao segui-los, de adquirir deles opiniões que não convêm nem a nossas luzes, nem aos nossos costumes, não deve ser maior do que o inconveniente de não conhecer suas belezas. De fato, a instrução pública que se propõe aqui não é exclusiva; longe de impedir que outros mestres se estabeleçam para ensinar o que ela não abarca, seja no interior dos lares, seja nas classes públi-

Cinco memórias sobre a instrução pública

cas, deve-se, ao contrário, aplaudir esse ensino livre. Eles são, na verdade, o meio de corrigir os vícios da instrução estabelecida, de compensar sua imperfeição, de apoiar o zelo dos mestres pela concorrência, de submeter o poder público à censura da razão de homens esclarecidos. Dessa maneira, não excluindo nada do que os pais querem que seus filhos aprendam, ela deve se limitar aos conhecimentos mais direta e geralmente úteis, o ensino que, de certo modo, foi revestido de uma sanção nacional.

Necessidade de insistir no estudo de uma Aritmética política.

Não entrarei aqui em nenhum detalhe sobre o ensino das diversas ciências que fazem parte da instrução: basta ter indicado o fim que se propõe, ao ensiná-las, para que aqueles que as aprofundaram vejam facilmente o que lhes convém compreender. Não insistirei senão sobre uma única ciência, a Aritmética política, à qual seria necessário dar aqui uma grande extensão. Com efeito, essa instrução, que chamamos geral, é, contudo, também instrução particular que é apropriada àqueles que se destinam às funções públicas: ela só é verdadeiramente instrução comum, porque todos os cidadãos devem ser chamados para essas funções, devem tornar-se capazes de assumi-las (ver Primeira Memória). Assim, todos conceberão facilmente a importância do ensino das ciências políticas propriamente ditas; mas se conhece menos sua utilidade, direi quase a sua necessidade, porque ela ainda é pouco difundida e porque exige a combinação de duas espécies de conhecimentos que raramente estão reunidos. A maneira de reduzir em tábuas de fatos, dos quais é útil conhecer o conjunto e o método de

Condorcet

deles extrair resultados, a ciência das combinações, os princípios e as numerosas aplicações do cálculo das probabilidades que abarcam igualmente a parte moral e a parte econômica da política, enfim, a teoria do lucro dos capitais e todas as questões relativas a esse lucro, foram os principais ramos de tal ciência. Sem cessar, nas discussões relativas à administração e mesmo à legislação, sente-se a necessidade dessa ciência; e, o que é pior, ignora-se sua necessidade quando ela é mais real. Acreditar-se-ia talvez que é inútil, para aquele que exerce uma função pública, possuir imediatamente esses conhecimentos; que, se formos levados a essas questões, podemos pedir a sua solução a outros homens que fizeram um estudo particular da ciência do cálculo. Todavia, estaríamos enganados: a ignorância dos princípios desses cálculos e da natureza dos resultados aos quais eles conduzem impediriam a compreensão da solução de questões às quais esses princípios seriam aplicados, e impediriam também que se pudesse tirar proveito deles. Se consultarmos a experiência, se seguirmos com atenção a história das operações políticas, veremos quantas faltas foram cometidas apenas por ignorância desses princípios; veremos como as nações foram enganadas por armadilhas grosseiras; o quanto aqueles que passavam por hábeis nesse gênero de cálculo estavam longe até mesmo de ter uma idéia dele. Se observarmos as questões trazidas pelos acontecimentos, veremos que, para provar a verdade de um princípio, mesmo que na aparência ele fosse puramente político, ou a utilidade e a possibilidade de uma operação de economia política, é necessário ter uma idéia desses métodos, enquanto a ignorância de uma proposição simples ou o pouco hábito de empregar esses cálculos freqüentemente interromperam a marcha de homens, aliás, muito esclarecidos. É então que se sentirá a utilidade de tornar essa ciência parte da instrução comum.

Na verdade, supondo que se possam separar os princípios políticos dos princípios do cálculo, e que os homens que exercem as funções públicas encontrem um meio de compensar sua falta por meio de outros auxílios, isso não significa que mesmo uma grande parte dessas verdades e das operações que mais influem sobre a felicidade dos homens seja para eles uma espécie de mistério, e que sejam forçados a escolher entre a desconfiança estúpida da ignorância e uma confiança cega. Ficarão sempre expostos a serem enganados, seja por abandonarem um caminho que não conhecem, seja por se recusarem a segui-lo. Não se pretende aqui que todos tenham condições de fazer por si mesmos todas as operações ou mesmo de conhecer os métodos matemáticos que lhes servem de guia: mas é preciso que entendam pelo menos os princípios sobre os quais esses métodos são fundados, que saibam por que eles não enganam, a que grau de precisão conduzem e qual é a probabilidade dos resultados reais e práticos aos quais nos levam.

Enfim, é a ignorância generalizada da Aritmética política que faz que o comércio, o banco, as finanças e o movimento dos títulos públicos sejam como ciências ocultas e, para os intrigantes que as praticam, como meios de adquirir uma influência pérfida sobre as leis, que eles corrompem, e sobre as finanças, onde difundem a obscuridade e a desordem.

Motivos da importância dada aqui às ciências físicas.

Pensar-se-á talvez que se dê aqui um lugar excessivo ao estudo das ciências físicas, na educação comum. No entanto,

Condorcet

esse estudo, estendido aos cidadãos em geral, é o único meio de difundir uma luz pura sobre todas as partes da Economia doméstica e rural, e de elevá-las rapidamente ao grau de perfeição que podem atingir e do qual estão ainda tão longe. Aliás, independentemente da utilidade direta dessas ciências, há uma observação importante que não devemos deixar escapar. Essas ações prejudiciais que não podem ser do domínio das leis, que fazem à sociedade um mal insensível, mas cujo hábito lhe é funesto, todos estes vícios corruptores que infectam a massa das grandes nações têm como princípio este tédio habitual nascido da falta de ocupação, cujo interesse impede que se sintam o peso do tempo e o vazio de uma alma cansada ou esgotada. É impossível que grandes paixões ou interesses possantes preencham a vida daqueles que, tendo uma fortuna independente, não são obrigados a se ocupar dos meios de subsistência ou em aumentar seu bem-estar. Se os conhecimentos adquiridos em sua educação não lhes oferecem uma ocupação fácil e agradável que lhes prometa alguma estima, necessariamente procuram recursos contra o tédio na intriga, no jogo, na procura de fortuna ou de prazeres. Ora, uma educação que lhes tivesse feito percorrer os elementos de um grande número de ciências, que lhes tivesse tornado capazes de cultivá-las, se tornaria para eles um recurso inesgotável. As ciências oferecem um interesse sempre renovado, porque sempre fazem progressos, porque suas aplicações variam ao infinito, prestam-se a todas as circunstâncias, a todos os gêneros de espírito, a todas as variedades de caráter, bem como a todos os graus de inteligência e de memória. Todas têm a vantagem de dar aos espíritos, ao mesmo tempo, mais exatidão e fineza, de fazer que se contraia o hábito de pensar e o gosto pela verdade. É no

Cinco memórias sobre a instrução pública

cultivo das ciências, na contemplação dos grandes objetos que elas apresentam, que o homem virtuoso aprenderá sem dificuldade a consolar-se da injustiça do povo e dos sucessos da perversidade, que adquirirá o hábito de uma filosofia indulgente e corajosa, que poderá perdoar os homens sem ter necessidade de desprezá-los, e esquecê-los sem deixar de amálos e servi-los. É, pois, a utilidade tanto moral e indireta quanto física e direta dessas ciências que deve decidir pela maior ou menor importância que convém lhes atribuir; e é preciso considerá-las tanto meio para a felicidade, quanto recurso útil à sociedade. Além disso, essa ocupação, mesmo limitada à simples diversão, não seria, contudo, frívola, uma vez que, em várias dessas ciências e talvez em todas, uma parte de seus progressos depende também do número dos que as cultivam. Que cem homens medianos façam versos, cultivem a literatura e as línguas, disso não resulta nada para ninguém; mas que vinte homens medianos se divirtam, fazendo experiências e observações, eles acrescentarão pelo menos algo à massa dos conhecimentos e o mérito de uma utilidade real honrará seus sábios prazeres.

Dos professores

Sua situação deve ser permanente.

A função de ensinar supõe o hábito e o gosto por uma vida sedentária e regrada; exige doçura e firmeza de caráter, paciência e zelo, simplicidade nos costumes e uma espécie de dignidade. Ela pede espírito de exatidão e de fineza, flexibilidade e método. Sabe-se para si tudo o que pode ser lembrado com um pouco de estudo e de reflexão; mas é preciso ter sempre presente no espírito o que se é obrigado a saber para os outros. Para mim mesmo, só preciso ter resolvido as dificuldades que surgiram em meu espírito; um professor precisa saber resolver e prever de antemão as dificuldades que podem surgir nos espíritos muito dessemelhantes de seus discípulos. Enfim, a arte de instruir só se adquire com o costume, só se aperfeiçoa com a experiência, e os primeiros anos do ensino são sempre inferiores aos que se seguem. Trata-se, pois, de uma das profissões que exigem que um homem a ela dedique a vida inteira ou uma grande parte de sua vida: a condição de professor deve ser considerada uma função habitual, e é deste ponto de vista que é preciso considerá-la em suas relações com a ordem social.

Eles não devem formar uma corporação.

Os professores, exercendo funções isoladas, não devem formar uma corporação. Assim, não somente não se deve encarregar do ensino uma corporação já formada, nem mesmo admitir uma corporação dos membros atuais em alguma das partes da instrução, porque, animados pelo espírito corporativo, eles procurariam invadir aquilo que lhes é permitido compartilhar. Essa precaução necessária não basta. Tanto os mestres de uma parte do território quanto os de um único estabelecimento não devem formar uma associação. Não devem governar nada em comum, nem influir sobre a nomeação para os postos que vagam entre eles. Cada um deve existir à parte, e este é o único meio de manter entre si uma emulação que não degenere em ambição nem em intriga, de preservar o ensino do espírito de

Cinco memórias sobre a instrução pública

rotina, enfim, de impedir que a instrução, que é instituída para os alunos, seja regulada segundo o que convém aos interesses dos mestres.

Suas funções são incompatíveis com outras funções habituais.

Os professores, como cidadãos, devem ser elegíveis para todas as funções públicas. Porém, aquela que lhes é confiada, sendo permanente por sua natureza, deve ser incompatível com todas aquelas que exijam um exercício contínuo, e o mestre que aceitá-las deve ser obrigado a optar, sem poder ser substituído.

Eu excetuaria, contudo, as funções na legislatura. Com efeito, o interesse poderoso em vê-las confiadas aos homens mais esclarecidos parece exigir que não afastemos absolutamente delas os que têm funções permanentes, obrigando-os a deixar, por uma honra de dois anos, a situação à qual está ligada a sorte de sua vida. Na verdade, esta exceção é necessária, para que a incompatibilidade com outras funções honrosas não avilte as funções que a elas estão submetidas.

Dois anos de substituição num pequeno número de postos de instrução não são um inconveniente que possa abalar a vantagem de tirar dessas funções a aparência de inferioridade, este ar subalterno que lhe é dado pelo orgulho, pela ignorância e por um mau sistema de educação.

É sobretudo entre as funções eclesiásticas e as da instrução que se deve estabelecer uma incompatibilidade absoluta, no país em que o poder público reconhece ou sustenta um estabelecimento religioso. Digo as funções eclesiásticas, pois não suponho que exista uma casta separada dedicada ao sacerdócio, mesmo sem exercer essas funções. Suponho que não haja padres sem emprego, ou então que eles não se distingam absolutamente dos outros cidadãos. Ora, se eles fossem separados dos outros indivíduos, se a lei os submetesse a alguma obrigação particular, reconhecesse alguma prerrogativa para eles, seria preciso que a não-elegibilidade substituísse a simples incompatibilidade e se estendesse a eles, porque, se assim não fosse, a instrução logo cairia inteira em mãos sacerdotais. Seria o fim da liberdade e da razão. Retomaríamos as correntes sob as quais os indianos e os habitantes do Egito gemeram durante tanto tempo. Os povos que têm os padres como professores não podem permanecer livres; insensivelmente, caem sob o despotismo de um só, que, segundo as circunstâncias, será o chefe ou o general do clero. Contar com o estabelecimento de uma doutrina religiosa pura, isenta de superstição, tolerante, confundindo-se quase com a razão, podendo aperfeiçoar a espécie humana sem arriscar-se a corrompê-la ou desviá-la, é uma idéia bem falsa. Toda religião dominante, seja pela lei, seja pelo prestígio que lhe é dado por funções estrangeiras confiadas a seus ministros, longe de purificar-se, corrompe-se necessariamente, e leva sua corrupção a todas as partes da ordem social. Sem nos determos nos exemplos próximos de nós que chocam nossos olhos, mas que não podemos citar sem ferir os espíritos fracos e as almas tímidas, basta observar que as superstições absurdas da Índia e do Egito não contaminavam a religião primitiva. Como todas as religiões dos grandes povos agricultores e sedentários, ela havia começado como um puro deísmo, misturado a algumas idéias metafísicas, tomadas da filosofia grosseira e expressas no estilo alegórico desses primeiros tempos. Foi somente a ambição dos padres que se tor-

Cinco memórias sobre a instrução pública

naram preceptores de tais nações que converteu essas crenças num vil amontoado de superstições absurdas, calculadas para o interesse do sacerdócio. Não devemos, pois, nos deixar seduzir pelo ponto de vista de uma economia aparente, nem muito menos nos entregarmos à esperança de uma perfeição mística, ou seja, devemo-nos contentar em formar homens honestos, sem pretender criar anjos.

Duração da função de professor.

A utilidade pública exige que as funções que pedem uma longa preparação tenham uma espécie de perpetuidade. Poder-se-ia fixar a duração da função dos professores em quinze anos para certos lugares, e vinte, para outros. Contudo, após esse tempo, esses prazos poderiam ser prolongados. Esse espaço de tempo é uma grande porção da vida de um homem. Entre os projetos e os planos de trabalho que um indivíduo pode ter, poucos são os que não podem ser terminados nesse prazo, ou que sejam longos demais para que o medo de ser obrigado a abandoná-los desencoraje aquele que o empreender. Ao mesmo tempo, essa duração não excede aquela durante a qual um homem, que não seja nem jovem nem idoso demais, pode esperar conservar a mesma força, a mesma capacidade e os mesmos gostos. Enfim, sem se expor a grandes despesas, pode-se esperar, ao final desse prazo, para aqueles que se dedicaram a uma profissão e fizeram os estudos preliminares que ela exige, uma recompensa suficiente para premiá-los pelo sacrifício que fizeram de qualquer outro meio de fortuna. Essa é a única perpetuidade que convém a seres mortais, frágeis e mutantes. Uma circulação rápida em todos os postos, uma perfeição que degenera em hereditariedade, são igualmente meios certos para que essas funções sejam mal preenchidas e quase sempre efetivamente exercidas por um herdeiro ou por um subalterno.

Meios para se recompensarem os professores.

A recompensa destinada aos mestres não deve se limitar ao indivíduo. Deve se estender à sua família. Portanto, seria possível estabelecer, por exemplo, que uma soma igual a um terço dos salários fosse reservada para constituir a aposentadoria dos professores e acumulada com um taxa de juros de quatro por cento. A metade dessa soma serviria para uma pensão vitalícia e a outra metade para constituir um fundo de acumulação. Se o professor morresse na sua função, esse fundo pertenceria a seus filhos, à sua mulher e até mesmo a seus pais, se estes estivessem vivos. Se o professor deixasse a função, seja depois de ter cumprido seu tempo, seja por demissão, ele usufruiria de início dos juros do fundo de acumulação, que, na sua morte, pertenceria à sua família em linhagem direta, e, em seguida, da renda vitalícia que o fundo destinado a produzi-la lhe daria por pessoa de sua idade, sem que, contudo, tal aposentadoria não excedesse nunca o salário da função. Se ele não deixasse herdeiros em linha direta, só poderia dispor, após sua morte, de um quarto do fundo de acumulado, fundo que se interromperia quando produzisse uma renda perpétua igual ao salário.[1]

---

1 Suponhamos um posto de 600 libras de salário e que, conseqüentemente, acumule um fundo de 100 libras e outras 100 libras para formar uma pensão vitalícia. Ao final de quinze anos, o professor

Nomeação dos professores. Antes de escolher, deve-se poder limitar a escolha entre os que têm a capacidade necessária e que convenham aos postos. A função de nomear pode ser separada desses dois julgamentos; pode ser também separada do julgamento sobre a continuidade e a destituição.

Em geral, para preencher um posto, deve-se procurar reunir três condições: primeira, que aquele que é eleito tenha capacidade suficiente; segunda, que ele convenha ao posto por características locais e regionais; terceira, que seja o melhor

---

teria uma aposentadoria de 80 libras de renda relativa ao fundo, reembolsável de 2.000 libras após sua morte, e 174 libras de renda vitalícia (supondo que comece sua carreira com 25 anos) – total: 254 libras. Após vinte anos, na mesma hipótese, ele teria 116 libras de renda de fundo, reembolsável de 2.900 libras na ocasião de sua morte, e 275 de renda vitalícia; ao todo, 391 libras na ocasião de sua morte e 275 de renda vitalícia; total: 391 libras. Após 26 anos, teria 600 libras de aposentadoria, das quais 176 de renda perpétua, reembolsável de 4.400 libras, a partir do que os benefícios não aumentam, a não ser para a família. De onde se vê que: 1 - esta forma de recompensa não provoca um interesse muito grande em se perpetuar no posto, ainda que desperte um interesse suficiente nos que são afeiçoados a suas famílias, ou seja, nos homens mais honestos, que desejamos sobretudo conservar em sua função. 2 - ela oferece um encorajamento não menos suficiente para uma carreira penosa, mas tranqüila e sedentária. 3- como o tesouro público não terá nada a pagar sobre o valor acumulado destinado a constituir a renda vitalícia, todos os que morrerem em suas funções, aproveitando de um excedente sobre todos os que aí permaneceriam por mais de vinte e seis anos, e poupando ainda sobre a acumulação dos fundos os três quartos do que vão para os colaterais, pouco falta para que a despesa real seja equivalente a dois terços dos salários, levando em conta que um quarto ou mesmo um quinto seriam suficientes.

daqueles que reúnem a capacidade e a conveniência. As duas primeiras condições são antes objeto de um julgamento do que de uma escolha. Mesmo que se limitasse o número daqueles que são declarados convenientes para um posto, ou capazes de ocupá-lo, se se coloca esse limite apenas para se opor a uma grande facilidade de aumentar as listas, esse julgamento deveria tanto menos ser considerado como uma verdadeira escolha quanto o limite deve ser fixado de modo que não exclua, nos casos mais comuns, nenhum daqueles que reúnam as duas condições exigidas.

É preciso que esse julgamento e essa escolha sejam confiados a homens em condições de julgar e escolher, exceto nos casos em que a capacidade de escolher possa ser, até certo ponto, sacrificada a um interesse suficientemente importante, para dar um verdadeiro direito. Digo até certo ponto. Com efeito, se o mais hábil ou o mais sábio deve ser preferido, se as outras qualidades não podem, depois dos julgamentos que asseguraram a capacidade e a conveniência, tornar-se um motivo preponderante, não se pode deixar arbitrariamente a nomeação ser feita por homens sem condições de julgar, a menos que eles escolham rigorosamente por si mesmos e só por si mesmos.

Não é necessário que tais julgamentos e a escolha sejam confiados às mesmas pessoas; ao contrário, é vantajoso separar as duas coisas. Desse modo, será mais fácil assegurar que serão realizados com mais luzes. Pode-se também assim esperar maior imparcialidade nos primeiros julgamentos, precisamente porque eles não são decisivos, não encerram nenhuma preferência pessoal. Enfim, é sempre mais difícil agir por intriga em três julgamentos separados, se eles não forem feitos pelas mesmas pessoas.

Cinco memórias sobre a instrução pública

Quanto à continuação num mesmo posto, após a expiração da duração prevista, esse direito pertence unicamente aos que têm interesse em que o posto seja bem ocupado. Não somente tal julgamento pode ser separado da função de eleger, mas deve sê-lo todas as vezes que, para sua própria utilidade, essa função for posta em outras mãos. A destituição, enfim, é um verdadeiro julgamento penal, e deve ser submetida aos mesmos princípios que esses julgamentos, já que há neles a mesma necessidade de assegurar a imparcialidade pessoal. Antes de aplicar estas regras gerais às escolhas dos professores, é necessário fazer um quadro de suas diferentes classes e dos estabelecimentos necessários para assegurar a boa qualidade da instrução.

Dos que devem compor o estabelecimento de instrução. Necessidade de um inspetor de estudo. Suas funções.

Primeiro, há os mestres ligados aos três graus diversos da instrução geral; em seguida, os que são encarregados de um ensino particular, nos dois graus superiores dessa instrução. Devem-se acrescentar um chefe e um ecônomo das casas que devem receber os alunos educados às custas da nação. Enfim, creio que é necessário haver, em cada centro de distrito e de departamento, um inspetor de estudos a quem se confiaria ao mesmo tempo a direção das bibliotecas e dos museus de História Natural ou de Física que lhes são associados. Estes últimos estabelecimentos são igualmente necessários à instrução das crianças e à dos homens, à instrução comum e àquela que tem como objeto as profissões ou o estudo das ciências. É bom reuni-los todos sob a mesma mão, a fim de que, tornando-se dessa maneira mais importantes em si mesmos, o cuidado com eles mereça ocupar um homem esclarecido e possa parecer um meio de glória e um dever digno dele. É por essa mesma razão que proponho que se junte esta função à de inspetor de estudos, porque, de outro modo, elas seriam muito limitadas. Com efeito, elas devem se reduzir a substituir momentaneamente os professores ausentes ou doentes, a cuidar da execução dos regulamentos dados nas escolas, a verificar se as salas destinadas aos estudos não ameaçam a vida nem a saúde dos alunos, a fazer os arranjos necessários para que a reparação das salas, os diversos acidentes que podem acontecer, não interrompam o curso dos estudos. Em geral, essas funções, que exigem uma assiduidade muito cansativa, e as que são exercidas de tempos em tempos, são mal cumpridas. As primeiras são negligenciadas e, quanto às segundas, se não são negligenciadas, procura-se estendê-las além de seus limites e, para dar-lhes importância, empregam-se o tempo e o cuidado que deveriam ser empregados em torná-las úteis.

Necessidade de criar companhias científicas.

É essencial, enfim, para o progresso das luzes e mesmo para o estabelecimento de um sistema bem combinado de instrução, que exista uma sociedade de sábios em cada primeira divisão de um grande Estado. Por exemplo, na França, em cada departamento. Uma só dessas sociedades bastaria em cada um deles para abarcar a universalidade dos conhecimentos humanos. Se as dividirmos, nós as enfraqueceremos, e, em vez de uma sociedade na qual a honra de ser admitido seria uma distinção para a qual se poderia esperar que fossem chamados homens de um mérito real, teríamos logo pequenas socieda-

Cinco memórias sobre a instrução pública

des destinadas à mediocridade. Acrescentarei que é inútil exigir de seus membros que residam na capital; sua reunião pessoal não é necessária para que se estabeleça entre eles uma comunicação suficiente nem para as eleições das quais podem ser encarregados. Na Itália formou-se uma sociedade assim dispersa, e ela subsiste com sucesso há vários anos. Por esse meio, não somos obrigados a nos limitar àqueles que habitam na capital ou que podem se fixar aí, por causa de seus postos. Os conhecimentos mais uniformemente difundidos são mais úteis em geral e pode-se aproveitar ao mesmo tempo os benefícios da reunião e da dispersão das luzes.

Não é aqui ainda o lugar de desenvolver a constituição que convém a essas sociedades, de mostrar o quanto elas são necessárias à instrução, não das crianças, mas dos homens, ao crescimento e talvez até mesmo à conservação das luzes, o quanto estamos longe do momento no qual elas se tornariam inúteis, o quanto é absurdo acreditar que elas não têm força para o encorajamento do gênio, e sem sentido pretender que elas lhe tiram a liberdade. Mas, antes de falar da influência que creio útil lhes dar, na escolha dos professores, é necessário entrar em alguns detalhes sobre sua natureza e sobre o espírito que as anima.

A honra que tenho de ser ligado há muito tempo a uma dessas sociedades mais célebres de sábios me impõe aqui o dever de uma austera franqueza.

As associações de cientistas devem renovar-se por sua própria escolha.

É da natureza das associações científicas escolherem elas mesmas seus membros. Com efeito, já que seu objetivo essencial é o de aumentar as luzes, ampliar a massa das verdades comuns, é claro que elas devem ser compostas de homens dos quais se podem esperar esses progressos. Ah! Quem, pois, decidirá se um indivíduo deve ser colocado nessa classe, se não forem os que são eles mesmos considerados parte dela? Qualquer outro método seria absurdo.

Exame das críticas que lhes são feitas.

Elas foram criticadas porque suas escolhas traziam para seu seio um grande número de cientistas ou de literatos medíocres e igualmente porque usavam de manipulação para excluir os homens de um mérito superior, os quais, pela independência de seu caráter e de suas opiniões, haviam ferido a vaidade e a arrogância desses autores de alvará e desses cientistas privilegiados. A primeira crítica pode, sob certos aspectos, ter fundamento: como o número de vagas é necessariamente fixo (uma vez que um número ilimitado exporia bem mais a más escolhas e só serviria para encorajar a mediocridade), deve ter naturalmente acontecido que, na falta de um mérito reconhecido, o favor tenha influenciado a escolha, que se tornou assim quase arbitrária; deve ter ocorrido também que considerações pessoais tenham excluído um grande talento em uma ou duas eleições; mas nunca tal exclusão foi durável: a amizade ou o ódio puderam, algumas vezes, retardar uma admissão, mas não impedi-la.

Não se poderia citar, em todas as associações da Europa, o exemplo de um só homem rejeitado por essas companhias cujo talento tenha sido reconhecido pelo julgamento da posteridade ou das nações estrangeiras. Sem dúvida, as acade-

Cinco memórias sobre a instrução pública

mias que se ocupam das ciências físicas rejeitaram corajosamente charlatães que, tendo usurpado uma reputação efêmera com altas pretensões e magníficas promessas, não puderam seduzir os sábios tão facilmente quanto se seduz a multidão. Elas não acolheram o ignorante presunçoso que lhes anunciava verdades há muito tempo vulgares, ou erros esquecidos como se fossem descobertas brilhantes. Foram severas, mesmo com os homens que, sem verdadeira ciência assim como sem gênio, acreditaram que podiam compensar isso com sistemas, frases engenhosas nas quais exibiam sua sedutora filosofia da ignorância. No entanto, longe de ser um erro, isto é ao contrário uma mais forte prova da utilidade dessas instituições. As outras academias, que não podiam ter uma escala tão segura para avaliar o talento, não estão, por conseguinte, menos isentas de crítica por terem afastado de si homens de gênio. A que sofreu ataques mais violentos, a Academia Francesa, não tem, sem dúvida, em sua lista, todos os homens que honraram nossa literatura; mas, se examinarmos aqueles que faltam, veremos que todos, sem exceção, foram dela afastados por causa da superstição que mantinha os depositários do poder, covardes ou corrompidos, num aviltamento vergonhoso, e lhes ditava os nomes que, com arrogância hipócrita, queriam ilustrar ou proscrever. Perguntarei, pois, como se pode temer a parcialidade das academias, se, em um século, dez dessas corporações não podem oferecer um só exemplo de tal parcialidade.

Elas são também criticadas por causa de uma fidelidade insistente a certas doutrinas que pode, como se diz, conduzi-las a más escolhas e contribuir para prolongar os erros. A fidelidade da Academia de Paris ao cartesianismo é o exemplo mais

131

Condorcet

impressionante que se pode citar, por sua importância e duração. Contudo, seu cartesianismo não a impediu de admitir e convidar geômetras newtonianos. Foram membros dessa academia os primeiros a professar abertamente o newtonianismo. Os cartesianos se limitavam a considerar perigosa para a verdade uma filosofia que, não se acreditando obrigada a retroceder a um princípio de movimento puramente mecânico, detinha-se tranqüilamente numa lei verificada pela experiência. E, apesar dessa disputa metafísica, os cartesianos não deixavam nem de acreditar em fatos novos, com os quais perdiam seu tempo explicando-os por meio de não sei quais combinações de turbilhões, nem de admirar as descobertas novas de cálculos que lamentavam estar sendo tão mal empregadas.

Objetou-se a essas mesmas associações o fato de se recusarem a reconhecer as descobertas, as novidades úteis, quando estas não têm como autores os acadêmicos ou, então, homens ligados a eles por sociedade ou por opinião. Aqui também se pode recorrer à experiência. Desde que essas sociedades existem (e algumas delas datam de mais de um século), não poderíamos citar uma só invenção real que elas tenham rejeitado. Sem dúvida, elas não quiseram aceitá-las sem provas; distinguiram cuidadosamente entre aquilo que se admite, após uma primeira impressão, como algo provável, o qual nos reservamos o direito de examinar quando se quiser tomá-lo como base de uma teoria ou empregá-lo na prática, e aquilo que solenemente se reconhece como verdade. Mas esta lentidão, este rigor escrupuloso não é a melhor garantia da segurança de suas decisões? E os filósofos, que sabem que as verdades provadas só diferem das simples percepções instintivas por um grau maior de probabilidade, poderiam ter outra con-

Cinco memórias sobre a instrução pública

duta que não fosse essa, ou professar outros princípios diferentes desses? Que sejam examinadas em seguida essas descobertas rejeitadas com tanta crueldade; que se ouça o juízo infalível que o tempo faz delas e ver-se-á que elas se reduzem a meias verdades reconhecidas antigamente ou então a puras quimeras que foram logo esquecidas, e freqüentemente após terem expiado, após alguns meses de ridículo, a usurpação da celebridade.

A razão se acrescenta aqui ao testemunho da experiência: uma sociedade científica aviltaria a si mesma e a consideração de seus membros se aniquilaria, por sua recusa obstinada de um homem de grande talento. Essa consideração não é fundada senão sobre a retidão quase geral de suas escolhas. A glória de alguns se difunde sobre os outros, os grandes nomes que decoram a lista acadêmica lançam uma espécie de brilho sobre os nomes célebres que são lidos ao seu lado, e essa confraternidade expulsa a idéia de uma inferioridade muito pronunciada.

O fim dessas sociedades é o de descobrir verdades, aperfeiçoar teorias, multiplicar as observações, ampliar os métodos. Esse fim seria cumprido se elas só escolhessem homens incapazes de contribuir para esses objetivos? E o hábito das más escolhas não as teria logo destruído? Existe, pois, uma causa sempre subsistente que, agindo em todas as eleições em favor da justiça, faz que no meio das paixões que oscilam a vantagem fique do lado desta última. Essa força só poderia ser vencida pela inveja que se elevaria contra um homem realmente superior. Não negarei absolutamente a existência desse sentimento, nem sua influência vergonhosa; mas admitir um sábio numa academia não é reconhecer nele uma superioridade

Condorcet

humilhante para aqueles que já compartilham dessa honra. O homem que mais tivesse inveja do gênio de Newton não teria o delírio de pretender que ele não merecesse um lugar numa sociedade científica, e o fanatismo, reunido à hipocrisia, teve necessidade de chamar outros preconceitos em seu auxílio para ousar dizer que o nome do autor de *Alzira* estragaria a lista da Academia Francesa.* A inveja bem gostaria que ele fosse inferior a Crebillon, mas não o colocava abaixo de Marivaux ou de Danchet. Enfim, se tivéssemos a temer tão-somente essas grandes injustiças, a força da opinião pública bastaria para impedir que elas fossem duráveis.

O mesmo acontece com o julgamento das sociedades científicas a respeito das descobertas e dos projetos. Não confundamos esses julgamentos com aqueles que são feitos nas questões ordinárias da sociedade. Neste caso, o objeto é constante, subsiste sempre. Pode-se, a qualquer momento, provar o erro de uma decisão, e o juiz, situado entre a acusação de parcialidade ou de ignorância, não pode escapar de ambas. Qualquer que seja o crédito que um acadêmico tenha em sua corporação, qualquer que seja a autoridade da corporação sobre a opinião, a voz dos cientistas de todas as nações logo teria abafado a sua. Esse tribunal, que não se consegue seduzir ou corromper, garante a imparcialidade de todos os outros. É ele que distribui a vergonha ou a glória. O cientista que declara sua opinião sobre uma teoria, sobre uma invenção, submete-se mais ao

---

* Voltaire, que tenta por duas vezes entrar para a Academia Francesa (1730 e 1743), tendo seu ingresso vetado por Claude Gros de Boze, secretário da Academia de Inscrições e Belas Letras e membro da Academia Francesa. Finalmente, em 1746, é admitido. (N.E.)

Cinco memórias sobre a instrução pública

julgamento livre de seus pares do que julga essa invenção ou essa teoria. Por isso, o amor-próprio, o medo de ser desonrado respondem aqui pela integridade dos juízes, e o interesse que poderiam ter em julgar mal não pode contrabalançar o interesse por sua existência científica. Um único erro seria suficiente para destruí-la; quanto maior, mais brilhante e útil fosse a descoberta rejeitada, mais durável seria sua vergonha e, por isso, mereceriam antes a censura de uma indulgência excessiva. Encontramos nessas sociedades mais talento do que erudição nas ciências; e as invenções esquecidas freqüentemente passam aí por invenções novas. A preguiça é indulgente e é natural a homens entregues à meditação, quando os arrancamos de suas idéias para forçá-los a avançar com dificuldade sobre as idéias dos outros. Enfim, a presença de homens superiores impede que a mediocridade seja difícil, e eles mesmos são tanto mais dispostos a tratar favoravelmente as pequenas coisas, quanto menos a glória que é seu fruto se pareça com a deles. Eis a razão pela qual se pode deixar que essas companhias se renovem a si mesmas, sem temer que cessem de ser, em cada época, a reunião dos homens mais esclarecidos e mais célebres por seus talentos. Eis por que se pode confiar em seus julgamentos, sem temer os preconceitos nem os sistemas de qualquer um de seus membros.

Essas críticas, portanto, tão repetidas, de que as academias se apropriam indevidamente da opinião, de que impedem o progresso das ciências, de que exercem de certo modo o monopólio sobre a verdade assim como sobre a glória, são absolutamente quiméricas, e não é difícil assinalar a causa dessas vãs acusações. Ela está na reunião muito comum entre uma grande presunção e muita ignorância; entre uma cabeça ruim e conhecimentos extensos, mas mal dirigidos, entre uma imaginação desordenada e o talento para a invenção de pequenas coisas. Todos aqueles nos quais se pode observar essa reunião são inimigos naturais das sociedades científicas, diante das quais nem seus erros, nem suas pretensões, puderam encontrar benevolência. A teimosia associada a esses defeitos do espírito não lhes permite compreender que se possa, de boa-fé, recusar suas opiniões, admirar suas pretensas invenções, reconhecer a superioridade de seus talentos. Pensam que só a inveja pode explicar esse fenômeno extraordinário. Dispensar-me-ão de provar essa observação com exemplos. Todo homem que conhece os detalhes do que se passa diariamente nas ciências encontrará tais provas sem dificuldade. Todavia, observarei que, entre os numerosos detratores das academias, tomados entre aqueles que se apresentam como cientistas, não há um só cujo mau humor e ódio pelo que chamam ridiculamente de aristocracia literária não possam ser explicados por esse meio; não há um só para quem não se possa dizer qual é a ignorância grosseira, o sistema quimérico, a vã pretensão que, rejeitada por um julgamento severo, mas justo, ou mesmo pelo silêncio, tenha sido a causa secreta de sua cólera.

Acrescentai ainda uma multidão de homens que, ocupados com as artes cuja base são as ciências, vêem nas sociedades científicas juízes temíveis para a charlatanice e, em seus membros, censores que podem avaliá-los e descobrir sua ignorância, qualquer que seja a máscara com a qual queiram se cobrir. Arrastam atrás de si uma outra multidão não menos numerosa de pessoas que, ignorando talvez até mesmo o que pode ser uma ciência, irritam-se só com a idéia de que um outro homem tenha a pretensão de conhecer o que ignoram; odeiam

Cinco memórias sobre a instrução pública

nos cientistas a superioridade das luzes tanto quanto a glória, e, só perdoando às ciências estas aplicações fáceis que não exigem nenhuma superioridade, favorecem os que se vangloriam de ter feito descobertas sem nada saber, porque os vêem mais perto de si, porque são inimigos de seus inimigos; procuram, enfim, seus sufrágios, que são desprezados pelos verdadeiros cientistas.

As sociedades científicas não têm necessidade do poder público para se formar. O poder público as reconheceu, não as criou. A Academia de Ciências de Paris existia na casa de Carcavi; a de Londres, na casa de Oldenburg; tanto uma quanto a outra eram uma assembléia dos homens mais célebres de cada nação, e ainda o são. Adotadas pelos reis, continuaram a ser o que tinham sido antes, o que teriam sido sem eles. Os regulamentos, normalmente contrários à liberdade, impostos a algumas dessas sociedades, não mudaram o seu espírito, e esse espírito durará enquanto sua motivação continuar a mesma, enquanto ela for, não uma determinada visão de utilidade pública, não o encorajamento de tal arte necessária, mas a necessidade natural aos homens de avançar sem descanso no caminho que conduz a isso.

A associação dos homens mais esclarecidos de um país, uma vez formada, quer o tenha sido por sua própria vontade ou pela autoridade estabelecida, subsistirá tanto tempo quanto as ciências, mesmo se o poder público, desvirtuado, se recusasse a adotá-la e a aproveitar-se de suas luzes. Não se trata, pois, de criar, de conservar o privilégio exclusivo da ciência de uma corporação, mas de reconhecê-la, de encorajá-la onde ela existe, onde deve sempre existir, uma vez reunida. E ela deve existir sempre, porque o amor-próprio daqueles que a compõem os leva constantemente a associar os homens que têm mais talento, e o amor-próprio daqueles que ainda não foram admitidos na associação os faz desejar estar na lista em que se lêem os nomes mais célebres.[2]

Portanto, as sociedades científicas não devem suas vantagens e seus regulamentos ao espírito particular daquelas que já existem, às luzes ou às virtudes de seus membros, mas à própria natureza de seus trabalhos. Se elas têm uma boa constituição, quer dizer, uma constituição que as remete sem cessar aos seus objetivos, conservarão seu espírito durante mais tempo, e mais completamente. Não devemos nos espantar com o exemplo das antigas corporações, de uma profissão exclusiva, encarregadas da manutenção de uma doutrina consagrada pela lei ou pela religião. Nestas, tudo devia colaborar para o fortalecimento do espírito corporativo, bem como, nas sociedades científicas, tudo, ao contrário, deve contribuir para a sua destruição.

Necessidade de não transformar as sociedades científicas em corporações de professores.

O talento para instruir não é o mesmo talento para contribuir com o progresso das ciências. O primeiro exige, sobretudo, clareza e método; o segundo, força e sagacidade. Um bom professor deve ter percorrido de modo mais ou menos igual os diferentes ramos da ciência que quer ensinar. O cientista pode ter grandes sucessos, desde que tenha aprofunda-

---

2 A academia dispersa que acaba de se formar na Itália é uma prova da veracidade desta afirmação.

Cinco memórias sobre a instrução pública

do um só desses ramos. Um é obrigado a fazer um trabalho longo e contínuo, mas fácil; outro é obrigado a despender longos esforços, mas que permitem longos intervalos de repouso. Os hábitos que são contraídos por esses dois gêneros de ocupação não são menos diferentes. No primeiro caso, adquire-se o hábito de esclarecer o que está ao redor; no outro, o hábito de sempre avançar. No primeiro, o hábito de analisar, de desenvolver princípios; no outro, o de combinar esses princípios ou inventar novos. Num caso, o hábito de simplificar os métodos; no outro, o de generalizá-los e estendê-los. Portanto, as companhias científicas não devem ser confundidas com o ensino, transformando-se em corporação de professores, pois, se isso acontecer, o espírito que deve animar tais sociedades se enfraquece, e recomeçaríamos a crer que há, para os homens de ciência, uma glória igual à de inventar, de aperfeiçoar as descobertas. A mediocridade hábil se aproveitaria dessa opinião para usurpar os homens de gênio, e essas sociedades, perdendo seus benefícios, adquiririam os vícios de corporações dedicadas à instrução. Entretanto, é preciso que elas tenham influência sobre o ensino por meio de suas luzes, seus trabalhos, pela confiança merecida por seus julgamentos.

Depois desta digressão necessária, volto ao meu assunto.

Eleição, confirmação e destituição de professores.

Consideremos de início os professores destinados ao ensino geral nos três graus de instrução. Esses cargos só devem ser dados a homens que a sociedade científica da região julgar dignos de ocupá-los, e colocados por ela numa lista que será

Condorcet

feita separadamente para cada um dos graus. Para os dois primeiros graus, o inspetor de estudos do distrito e, para o terceiro, o inspetor de estudos do departamento, escolherão, entre os que estiverem na lista, aqueles que lhes parecerem os mais adequados a ocupar o cargo vago. Trata-se aqui de conveniências pessoais, que nunca são mais bem apreciadas do que quando avaliadas por um só homem, interessado em adquirir honra por suas escolhas, cuja adequação é da responsabilidade da própria natureza de suas funções. Enfim, para os cargos do primeiro grau, os chefes de família estabelecidos no bairro escolheriam entre as pessoas apresentadas. Para o segundo, essa escolha caberia ao conselho do distrito; para os outros, ao conselho do departamento.

Vêm em seguida os professores de ciências particulares associados aos últimos graus de instrução. A lista desses professores seria igualmente elaborada pela sociedade científica do lugar. Os inspetores de estudos do distrito ou do departamento apresentariam cinco nomes tirados dessa lista e a seleção entre esses cinco seria feita por um certo número de delegados escolhidos pela sociedade científica, entre seus próprios membros que cultivaram a ciência para a qual se procura um professor. Se nos lembramos que esta parte da instrução não é destinada a todos os alunos, que esses poderão, independentemente desta parte da instrução, adquirir todos os conhecimentos necessários para si mesmos e para o serviço público, veremos que o interesse comum, que resulta do interesse particular de cada cidadão, deve dar lugar ao benefício geral da sociedade. Esse interesse imediato é muito fraco para dar o direito de escolher entre os talentos que não se tem condição de apreciar.

Cinco memórias sobre a instrução pública

Enfim, como não se trata de qualidades próprias para o ensino que possam ser julgadas por qualquer homem até certo ponto instruído sem ter-se aplicado à ciência particular, mas de uma escolha de preferência que exige o estudo dessa ciência, não cabe confiar essa função à sociedade científica como um todo, mas a uma comissão constituída por ela. Outro motivo deve ainda determinar que não seja entregue a corporações administrativas já encarregadas de funções públicas uma escolha que, evidentemente, não pode ser feita pelos cidadãos em geral. Esse motivo é a necessidade de conservar, numa parte da instrução, uma independência absoluta em relação a todo poder social. Tal independência é o remédio mais seguro que se pode opor às coalizões que se formariam entre esses poderes e que introduziriam, numa constituição aparentemente bem combinada, um conjunto de governantes separado dos governados. É o único meio de assegurar-se que a instrução será regulada pelo progresso sucessivo das luzes, e não pelo interesse das classes poderosas da sociedade, e de lhes tirar a esperança de obter, pelo preconceito, o que a lei lhes recusa. É o meio de se preservar com segurança contra a perpetuidade de doutrina tão cara aos homens do poder, que, certos da duração de algumas opiniões, organizam segundo estas o plano de suas usurpações secretas.

O professor ou a professora indicados para a direção dos estabelecimentos destinados à educação dos alunos mantidos pela nação seriam inicialmente escolhidos numa lista de pessoas declaradas capazes pela sociedade científica, com a exigência de terem pelo menos alguns anos de exercício na profissão de professor. O inspetor de estudos escolheria na lista de cinco pessoas, entre as quais os eleitores do distrito e do

Condorcet

departamento fariam uma escolha. Aqui, como não se trata de uma instrução dada numa escola pública, mas de uma instrução particular que tem influência direta sobre os costumes e sobre o caráter; como se trata de um ministério de confiança; e como nessa capacidade, uma vez assegurada, todos os cidadãos são juízes das qualidades morais que devem merecer a preferência, a escolha pode ser confiada aos representantes imediatos dos chefes de família, já que estes não podem fazê-lo por si mesmos. O ecônomo da casa deve ser absolutamente distinto do professor. A confusão entre as duas funções inspira naturalmente nas crianças um desprezo por um chefe que eles se habituariam a considerar o empresário de sua alimentação. Esse ecônomo seria escolhido pelo diretório dos distritos ou dos departamentos.

O inspetor de estudos de cada distrito seria escolhido entre os membros da sociedade científica. O inspetor do departamento designaria cinco pessoas para cada cargo e o conselho do distrito escolheria entre esses cinco. O inspetor do departamento seria tirado entre os membros da sociedade do lugar ou entre os membros da sociedade da capital. Um escritório geral de educação aí estabelecido designaria, a partir dessa lista, cinco pessoas entre as quais o conselho do departamento faria sua escolha. Quando as questões têm um caráter geral, quando os detalhes diários só consistem numa pequena parte dessas questões ou são de tal natureza que possam ser divididos sem confusão, um escritório pouco numeroso é preferível a um só homem, mesmo no caso das funções nas quais a unidade dos pontos de vista e a presteza das decisões parecem exigir um agente único. É por isso que se propõe aqui um inspetor em cada departamento e, na capital, um escritório do

Cinco memórias sobre a instrução pública

qual cada membro seria encarregado, em particular, dos detalhes relativos a cada uma das cinco, ou antes, a cada uma das três grandes divisões entre as quais se repartiriam todos os conhecimentos humanos teóricos ou práticos.

As eleições, ocorrendo sempre entre um número determinado de pessoas, seriam feitas da seguinte maneira. Para sete elegíveis, cada votante escreveria quatro nomes em um papel, segundo a ordem de preferência que ele lhes atribuiria, e três nomes, se houver somente cinco elegíveis. Seria preferido aquele que de início tivesse a pluralidade absoluta nos primeiros votos, em seguida nos primeiros reunidos aos segundos, e assim por diante. Se vários obtiverem a pluralidade absoluta, o que é possível desde que se ultrapassem os primeiros votos, preferir-se-á aquele que obtiver mais votos. Em caso de empate, preferir-se-á aquele que tiver mais votos em relação aos terceiros, se a contagem tivesse parado nos segundos, e o que tiver mais votos em relação aos quartos, se a contagem tivesse sido interrompida nos terceiros, ou se esses votos não tivessem decidido a questão. Se o empate ainda subsistir, retornar-se-á, nesse caso, aos votos que não teriam sido suficientes para apresentar uma maioria absoluta. Por exemplo: se a maioria foi conseguida apenas nas terceiras votações, será preferido aquele que tiver obtido mais sufrágios nas duas primeiras e, enfim, aquele que tiver obtido mais votos nas primeiras; e a idade só decidirá nos casos de empate rigoroso, combinação que quase nunca se apresenta.

Quando os inspetores de estudos, os professores do primeiro grau e os outros professores tiverem ocupado suas funções, durante o espaço de tempo que teria sido determinado, eles poderiam novamente ser confirmados. Para os cargos dos primeiros estabelecimentos, essa confirmação seria feita pelos chefes de família e, para os outros estabelecimentos, pelos eleitores do distrito ou do departamento.

Quanto à destituição dos professores de primeiro grau e dos demais professores, ela não deve ocorrer exceto por causas graves e determinadas pela lei. Parece-nos que se deve reservar ao inspetor de estudos e ao procurador-síndico* o direito de solicitá-la; esta sentença deve ser pronunciada por um júri, ou o presidente do departamento fará as vezes de diretor do julgamento, cujos membros seriam escolhidos entre os da sociedade científica e os professores de diversas ordens. Quanto aos inspetores de estudos, seguir-se-iam os mesmos princípios, com a única diferença de que a destituição não poderia ser solicitada pelo procurador-síndico do distrito ou do departamento.

Escolha das crianças educadas à custa do tesouro público.

Para escolher as crianças destinadas a serem educadas às custas da nação em instituições do distrito e, em seguida, nas do departamento, pode-se usar o método seguinte. Para os primeiros, estabelecer-se-á de início que a escolha sempre será feita entre um número de crianças oito vezes maior, por exemplo, do que o número de vagas. Se houver seis vagas para serem preenchidas, apresentar-se-ão quarenta e oito crianças. O número de vagas não pode ser fixado de maneira invariável, porque podem sobrar lugares em razão de morte, afastamen-

---

* Autoridade do poder judiciário nos departamentos ou distritos, durante a Revolução.

Cinco memórias sobre a instrução pública

to ou expulsão de crianças, e, além disso, embora o curso seja de quatro anos, deve-se reservar a possibilidade de prolongá-lo em certas circunstâncias e até mesmo de abreviá-lo em outras. A necessidade de ser proporcional à inteligência das crianças é uma lei. Para determinar essa apresentação, o inspetor de estudos do distrito dividirá o território em oito partes, contendo mais ou menos cada uma o mesmo número de alunos. Essa divisão, submetida ao conselho do departamento e aceita por ele, só seria renovada a cada dez anos ou no caso de uma desigualdade que se tenha tornado sensível. Em cada um dos bairros, cada professor escolherá dois de seus alunos; entretanto, os pais cujos filhos não tiverem sido escolhidos terão o direito de reapresentá-los ao concurso. Essa escolha do professor, esse direito dos pais, somente se estenderiam sobre aqueles que, pelo voto separado de seus condiscípulos e o dos pais de família, tivessem sido julgados merecedores, por sua conduta e seu caráter, de serem colocados no grupo das crianças da nação. O prefeito de cada comunidade e os professores iriam, com as crianças, ao lugar e no dia designados pelo inspetor de estudos; lá, os prefeitos escolheriam cinco, entre os professores, que interrogariam essas crianças e, em seguida, designariam aquelas que mostrassem mais capacidade. As crianças apresentadas seriam conduzidas à capital do distrito, onde o inspetor de estudos e quatro pessoas, escolhidas pelo diretório do distrito entre os professores do estabelecimento do lugar, examinariam os candidatos e anunciariam sua preferência.

Quanto àqueles que, da instituição do distrito, devem passar ao departamento, depois de um julgamento de seus condiscípulos e de um dos professores, os quais decidiriam se eles o merecem por suas qualidades morais, cada professor escolheria um certo número de seus alunos. O professor e o inspetor de estudos teriam o mesmo direito e, conseqüentemente, cada criança poderia ser designada por diferentes mestres, pelo professor — se foi educado na casa — e pelo inspetor de estudos; a escolha não dependeria absolutamente da parcialidade ou da prevenção de um único homem. O conselho do distrito nomearia então quatro professores que, juntos com o inspetor de estudos, examinariam as crianças e escolheriam um número igual a duas vezes o número de lugares vagos, segundo o número de vagas dos distritos seja maior ou menor. Enfim, na capital do departamento, a escolha seria determinada de forma semelhante. Seria fácil fazer dessas eleições pequenas festas simples e emocionantes, próprias para estimular a emulação entre as crianças e mesmo entre os pais de família.

Motivos para preferir uma eleição simples a um concurso entre os professores.

Nessa constituição de ensino, preferiu-se a eleição dos professores a um concurso, a uma decisão tirada após um exame público. Considero essas formas tal qual os publicistas esclarecidos consideram as provas legais. Estes proscrevem estas últimas, não porque não seja bom em si submeter as provas a regras rigorosas, mas porque o estado atual das luzes não permite que se estabeleçam boas regras e, nesse sentido, o julgamento de homens sábios e imparciais deve ser preferido a uma regra incerta que, não assegurando a verdade, pode conduzir ao erro. O mesmo acontece com um concurso; nada pode garantir que as formas do concurso assegurem uma boa escolha,

Cinco memórias sobre a instrução pública

sobretudo quando não se trata de decidir do grau maior ou menor de uma só qualidade, mas de um conjunto de qualidades diversas e até mesmo independentes. Se o concurso é feito em particular diante de juízes esclarecidos, pode tornar-se um meio de lançar incerteza sobre esse julgamento e de lhe tirar a confiança, por uma oposição necessária entre a escolha feita pelos juízes e aquilo que comentarão sobre o concurso os que não foram preferidos. Se, ao contrário, o concurso for público, não é como um julgamento sobre um fato no qual todos os espectadores, tendo luzes suficientes para serem juízes, são censores úteis da conduta de seus iguais. Aqui, ao contrário, os espectadores, incapazes de julgar, favoreceriam aquele que falasse com mais facilidade ou ousadia e não perceberiam erros grosseiros em que poderiam cair se os negasse ou os desculpasse com uma impudência hábil. Os julgamentos seriam quase contrários aos dos homens esclarecidos, e os melhores professores seriam expostos a perder de antemão a confiança pública. A adoção desse meio conduziria insensivelmente à corrupção dos estudos, a substituir a razão pela tagarelice, os conhecimentos que instruem por conhecimentos que divertem, as pequenas coisas que aperfeiçoam realmente a razão por pequenas coisas que espantam por um momento. Admitindo um exame público para os alunos, não nos afastamos desses princípios; com efeito, não é difícil ver que a facilidade é, na época em que eles são submetidos ao exame, quase o único sinal de talento que eles podem dar; é claro também que as testemunhas do exame, por mais prevenidas que sejam, não acreditarão que eles são mais hábeis que seus mestres, de sorte que sua ousadia na disputa não se imporá. Já se propôs fazer os alunos participarem da escolha dos mestres; creio que esse meio é tão perigoso quanto o concurso. Aliás, não se poderia admitir isso a não ser para o ensino no qual os alunos, destinados a profissões que exigem muitos conhecimentos ou o estudo das ciências, já são homens instruídos. Por conseguinte, esse meio não é aplicável à parte da instrução pública da qual tratamos aqui.

Os professores devem ser pagos pelo tesouro público.

Os professores receberão seu salário do tesouro público e não serão pagos pelos alunos. Pretendeu-se que poderia haver mais justiça neste último método de pagar os professores. No entanto, 1 – a instrução pública não é somente útil às famílias das crianças que dela se beneficiam; ela é útil a todos os cidadãos; este segundo gênero de utilidade geral e menos direto deve mesmo ser situado em primeiro lugar para a instrução que não é indispensável a todas as crianças e, entretanto, eis o que se propõe pagar! Parece, pois, que se aceita que a instrução indispensável a todos deve ser gratuita. 2 – O princípio que determina a contribuição com os gastos públicos na proporção da renda não é somente fundado no fato de que o mais rico tenha um interesse maior na manutenção da sociedade, mas também sobre o fato de que somas iguais têm realmente para ele uma importância menor. 3 – O interesse público pede que sejam igualados os encargos que o acaso pode tornar desproporcionais. Todos ganhariam com a igual distribuição de um encargo que seria hoje para uma família um terço da renda de seu chefe e que, para a geração seguinte, seria apenas de uma trigésima parte da renda, enquanto, para uma outra família, os encargos seguiriam o sentido inverso. Haverá mais van-

Cinco memórias sobre a instrução pública

tagem para a sociedade se, sobre cem famílias que têm fortunas iguais, cada uma pague pela instrução de duas crianças, do que se, algumas não pagando nada, outras pagassem pela instrução de dez. Em geral, em todas as despesas úteis para todos os cidadãos, se as causas que produzem uma desproporção na necessidade que cada um tem dessas despesas não são voluntárias, a justiça, o bem geral exigem que eles sejam tirados das desigualdades que o acaso pode produzir. Fala-se da emulação que o desejo de multiplicar o número de seus alunos poderia produzir nos mestres. Mas essa emulação, fundada no motivo de um proveito, estaria entre os sentimentos bons de serem despertados neles? Se quiserdes elevá-los na opinião, não comeceis absolutamente por associar sua glória a um interesse pecuniário, o mais aviltante de todos, por fazer de seu ganho a medida de sua celebridade e de seu sucesso. Aliás, essa emulação suporia um grande concurso de discípulos, o que não ocorrerá na maior parte dos estabelecimentos, nem para a maioria dos professores. Enfim, se essa preferência dos discípulos produz uma verdadeira emulação para as espécies de ensino de uma ordem superior, confiadas a mestres verdadeiramente célebres, não se pode esperar disto, no ensino elementar – do qual se trata aqui –, a não ser o inconveniente de favorecer os que tiverem o talento da palavra, em prejuízo dos que têm a filosofia e o talento da instrução, e encorajareis nos mestres tão-somente o charlatanismo fácil, próprio para seduzir os pais que devem decidir sobre a escolha.

Na verdade, disto resultaria uma desigualdade maior na instrução; tal homem, em condições de pagar para seu filho uma alimentação simples numa pensão, ou na casa de um amigo ou de um parente, não poderá fazê-lo mais, se for necessário acrescentar a esse gasto os honorários de vários professores. As cidades mais opulentas, as regiões ricas terão exclusivamente os melhores mestres e acrescentarão essa vantagem a outras que já têm.

Conservou-se, neste plano, a independência necessária à liberdade.

Resta-me examinar agora se, neste plano de instrução, é respeitada suficientemente esta espécie de independência, esta possibilidade de uma concorrência livre que devem permitir os estabelecimentos nacionais que não são exclusivos nem pela natureza de seu objeto, nem pela própria força das coisas. Podem-se dividir as instituições públicas em três classes: aquelas que, essenciais para a ordem social, têm necessidade de ser imediatamente mantidas pela força pública. Tais são os tribunais, os estabelecimentos para a polícia e para a administração. Há outras que, na verdade, poderiam ser entregues à concorrência, mas onde essa concorrência não pode existir de fato: tais são certos estabelecimentos consagrados à utilidade geral, como a iluminação de uma cidade, a limpeza das ruas, os trabalhos próprios à navegação, à facilidade de comunicação por terra. Suponhamos, com efeito (e a justiça parece exigi-lo), que se entregue à vontade de um certo número de proprietários a liberdade de formar outros estabelecimentos do mesmo gênero. É evidente que não lhes será possível exercer essa liberdade, a não ser em casos muito raros. Enfim, há instituições nas quais a concorrência deve ser respeitada, a ponto de não constituir obstáculo à vontade daqueles que não julguem adequado aproveitar-se dos estabelecimentos públicos. São as

Cinco memórias sobre a instrução pública

que têm uma relação mais direta, seja com a liberdade, seja com os interesses mais pessoais, dos quais cada homem deve permanecer juiz. Assim, o poder público pode e até mesmo deve, em certos casos, assegurar aos cidadãos de uma cidade, de um cantão, os auxílios de um médico, de uma parteira; contudo, não somente seria abusar dos recursos públicos multiplicar o seu número, mas, se esse número fosse multiplicado o bastante para tornar a concorrência impossível, seria constrangida a liberdade que cada um deve ter de escolher por si mesmo. Se a utilidade comum ordena ao poder público agir, o respeito pela liberdade lhe prescreve regular sua ação de modo que não ofereça senão benefícios voluntários; não se considerar como depositário da autoridade ou da força nacional, porém se conduzir como um cidadão rico, a quem o sentimento de uma benevolência esclarecida inspiraria vastos planos de instituições públicas, e que não tem o direito de lhes dar, mesmo indiretamente, uma existência exclusiva.

A instrução deve ser colocada nessa última classe de estabelecimentos, não somente porque é necessário conservar a liberdade dos pais, na escolha da educação que devem dar a seus filhos, mas também, como já observei, porque a influência exclusiva de todo poder público sobre a instrução é perigosa para a liberdade e o progresso da vida social. É preciso que a preferência dada à instituição estabelecida seja, tanto quanto possível, efeito tão-somente da confiança. Digo tanto quanto possível, visto que não é menos necessário que esse estabelecimento seja suficiente para todas as necessidades da sociedade.

Examinando agora os detalhes do plano proposto, vê-se de início que a dificuldade imposta aos pais limita-se, para a primeira educação, a escolher um mestre numa lista de professo-

Condorcet

res, sujeitos eles mesmos a uma forma de ensino. Em todo lugar onde a população for pouco numerosa, nada impede que outros professores aí se estabeleçam, enquanto noutros cantões, se a nação não tiver estabelecido mestres, esses professores livres nem poderiam aí existir. Vê-se cada vez mais que as casas de instituição permanecem absolutamente livres, exceto para as crianças educadas às custas do público. Vê-se ainda que a instrução destinada a todos, nos dois últimos graus, pode ser igualmente dada nas casas de instituição livre, que podem mesmo abrir suas portas a alunos externos, sem que, por isto, estes sejam excluídos das outras lições de ciências particulares. Enfim, como esses professores não formam uma corporação, sendo isolados uns dos outros, torna-se igualmente possível que se estabeleça um professor para cada uma das ciências particulares, se aquele da instrução pública não atrair a confiança, ou que haja professores para as outras partes das ciências que a opinião julgar úteis, e que tenham sido excluídas do ensino nacional por um erro dos administradores. A despesa que resultaria disto para os pais não pode ser aqui entendida como um obstáculo. Se eles forem pobres, a pequena porção com a qual terão contribuído não pode ser uma carga pesada, mesmo que não queiram aproveitar. A carga seria menos pesada ainda se os pais fossem ricos.

Enfim, esse estabelecimento de um ensino mais livre, ao lado daquele dirigido pelo poder público, e as diferentes funções atribuídas às companhias científicas sobre as quais esse poder não exerce nenhuma autoridade, são meios para diminuir a influência dos que governam sobre a instrução, substituindo-a pela influência da opinião independente de homens esclarecidos. Acabamos de mostrar de que modo, sem cair na

Cinco memórias sobre a instrução pública

idéia absurda de oferecer um privilégio exclusivo das luzes e das ciências, poderíamos estar certos de combater essa opinião, já que os homens esclarecidos, se deixados livres em suas escolhas, saberão conhecer-se e se reunir. E se a sociedade reconhecida pelo poder público for tentada a se corromper, o temor de ver uma sociedade livre formar-se junto a ela sempre seria capaz de contê-la. Assim, a liberdade não precisa temer o perigo de uma instrução dirigida segundo a visão política dos depositários do poder. Nesse sentido, as famílias permanecem livres na escolha de uma instrução. Desse modo, a facilidade de opor uma outra instrução àquela que é estabelecida, de acrescentar a ela o que poderia faltar, é ao mesmo tempo um recurso contra os erros que podem se introduzir nessa instituição e uma espécie de censura sempre presente.

Essa liberdade de instrução independente, estendendo-se a todos os mestres, sobre o ensino de todas as ciências, sobre as casas de instituição, sobre as companhias científicas, não pode preservar o medo mais leve para aqueles que levam até ao escrúpulo o amor por uma liberdade mais indefinida. Porém, ao mesmo tempo, essa concorrência não deve ser temida em relação aos estabelecimentos autorizados, na medida em que estes não terão uma inferioridade marcante; e o poder público terá cumprido seus deveres sem exceder seus direitos. Até aqui ele preparou os homens; mas ele desejará que eles conservem, aperfeiçoem o que lhes foi dado. Ele não abandonará ao acaso o fruto da autoridade de suas primeiras instituições, e aos auxílios dados sob a autoridade da ternura paternal sucederão os auxílios oferecidos aos homens dignos, que uma razão independente se empenha em aceitar.

Terceira memória:
Sobre a instrução comum para
os homens

Objetivo desta instrução.

Suponho que um homem tenha recebido uma educação completa e que a tenha aproveitado. Ela lhe deu o gosto e o hábito da aplicação. Seus conhecimentos nas diversas partes das ciências são bastante extensos para que ele possa cultivar à sua escolha e sem mestre aquela que quiser aplicar às suas necessidades ou para a qual sua curiosidade o leva. Que ele se ocupe da educação de sua família, dos detalhes da administração doméstica; que se dedique aos trabalhos necessários para tornar-se mais digno das funções para as quais é chamado ou que se contente em examinar e seguir, sejam os projetos propostos para a utilidade comum, sejam as operações dos diversos poderes estabelecidos pelo povo; que seu gosto o leve a trabalhar apenas para aperfeiçoar sua razão, a preencher com prazeres dignos de um ser pensante o vazio de sua vida; eu o vejo rodear-se de livros, procurar conhecer homens esclarecidos, reunir em torno de si as produções mais curiosas e mais úteis do país onde habita, querer conhecer quais são as verda-

Condorcet

des que difundiram uma luz mais homogênea e mais pura sobre as sombras que ainda nos envolvem, que novas aplicações das ciências aumentaram a sua utilidade, que invenções foram acrescentadas à perfeição das artes, que vantagem local ele pode retirar delas, que espírito influi sobre a composição das leis ou preside às operações do governo, em que direção avança o poder público, que princípios o guiam ou que interesses ameaçam corrompê-lo.

Ora, aquilo que esse homem esclarecido, ativo, animado pelo desejo de saber ou pela necessidade de pensar faria por si mesmo, a instrução pública preparada para os homens deve fazer por todos. Ela deve oferecer um guia e um apoio para aquele a quem faltam luzes ou forças para avançar isolado em sua carreira, reunir os meios de se instruir aquele que permanece afastado delas pela necessidade, facilitar esses meios para aquele cuja atividade lânguida ou razão fraca afastariam das primeiras dificuldades. No meio do choque das paixões e dos interesses, enquanto o gênio desenvolve sua atividade, a indústria multiplica seus esforços, a instrução cuidará dessa igualdade preciosa, primeiro bem do homem civilizado; ela distribuirá com mão sábia e justa os dons que a natureza semeou ao acaso.

Regulada, como todas as outras, pelas necessidades mais gerais, esta instrução terá como objeto principalmente: 1 – os conhecimentos políticos; 2 – a moral; 3 – a economia doméstica e rural; 4 – as partes das ciências e das artes que podem ser de utilidade comum; 5 – enfim, a educação física e moral.

Cinco memórias sobre a instrução pública

A instrução política não deve se limitar ao conhecimento das leis feitas, mas estender-se ao conhecimento dos princípios e dos motivos das leis propostas.

É preciso não somente que cada homem seja instruído sobre as novas leis que são propostas ou promulgadas, sobre as operações que são executadas ou preparadas nos diversos ramos da administração, que ele sempre de algum modo esteja informado sobre a legislação sob a qual vive; mas é preciso também que, se novas questões políticas aparecerem, se se procura fundar a arte social em novos princípios, que ele seja advertido da existência dessas questões, dos combates entre as opiniões que se formam sobre esses princípios. Sem essa instrução, de que modo ele poderia conhecer os homens que governam sua pátria e o que ela pode esperar deles, e saber que bens e que males lhe são preparados? Sem isto, como uma nação não ficaria dividida em duas classes, das quais uma serviria de guia para a outra, seja para desviá-la, seja para conduzi-la, exigindo uma obediência realmente passiva, já que esta outra seria cega? E em que se transformaria o povo, senão em um amontoado de instrumentos dóceis que seriam disputados por mãos hábeis para serem rejeitados, quebrados ou empregados segundo sua fantasia?

Não tenho a pretensão de querer transformar em publicistas vinte e quatro milhões de cidadãos ativos que, reunidos sob uma lei comum, querem gozar da mesma liberdade. Contudo, nessa ciência, assim como em qualquer outra, algumas horas de atenção freqüentemente bastam para compreender o que custaram ao gênio anos de meditação. Aliás, nesse tipo de instrução, ter-se-á o cuidado de remeter aos direitos do homem

Condorcet

todas as disposições das leis, todas as operações administrativas, todos os meios, assim como todos os princípios. A declaração dos direitos seria a escala comum à qual tudo seria comparado, pela qual tudo seria medido. A partir disso, não haverá mais a necessidade destes conhecimentos extensos, destas reflexões profundas, quase sempre necessárias para reconhecer o interesse comum sob mil interesses opostos que se mascaram. Nesse sentido, falando aos homens tão-somente desses direitos comuns a todos, no exercício dos quais toda violação da igualdade é um crime, só lhes falaremos de seus interesses mostrando-lhes seus deveres, e toda lição de política será uma lição de justiça.

A instrução moral deve ter como finalidade fortalecer os hábitos virtuosos e prevenir ou destruir os outros.

A moral não deve se restringir apenas a preceitos; é preciso acostumar os homens a refletir sobre suas próprias ações, a saber julgá-las segundo esses preceitos. Deve-se, se não aperfeiçoar, pelo menos conservar neles o *senso moral*[1] que receberam da natureza e que foi desenvolvido pela instrução. A maior parte dos homens não encontra na vida comum senão deveres

---

1 Entendo aqui por senso moral a faculdade de experimentar diversos graus de prazer ou de dor, pela lembrança de nossas ações passadas, pelo projeto de nossas ações futuras, pelo espetáculo ou pelo relato das ações dos outros. Essa faculdade é um efeito necessário da sensibilidade física reunida à memória. Pode-se explicar sua origem e os fenômenos sem recorrer à hipótese da existência de um sentido particular, como o da visão ou da audição. Quando se toma o sentimento e não a razão como guia de uma ação refletida ou como um motivo de julgamento, o senso moral toma o nome de consciência.

Cinco memórias sobre a instrução pública

simples, cotidianos, fáceis de cumprir. E seu senso moral se enfraqueceria se, ao colocar sob seus olhos as ações dos outros homens, não se exercitasse pelos movimentos que desperta neles, pelos juízos que são obrigados a fazer, esse sentimento íntimo tão pronto, tão delicado, naqueles que o cultivaram, tão lento, tão grosseiro em quase todos os outros. Esses exemplos se ligam a cada preceito, gravam-no na memória e tornam-se, de certo modo, seu desenvolvimento e sua prova.

Aliás, o quanto não seria temível que os homens simples adquirissem, mesmo sem perceber, hábitos viciosos, porque a pequena importância de suas ações monótonas, e quase sempre irrefletidas, não lhes permitisse sentir em que elas se afastam dos princípios que receberam? Não seria mais perigoso ainda se eles se desviassem, se algumas circunstâncias os arrastassem para além do círculo estreito de seus hábitos e eles se vissem obrigados a criar para si, de certo modo, uma regra para essas ações extraordinárias? De que modo, portanto, eles se defenderiam da sedução? Como resistiriam aos que quisessem conduzi-los ao crime, em nome de Deus ou da pátria, levá-los ao banditismo, em nome da justiça, à tirania, em nome da liberdade ou da igualdade, à barbárie, em nome da humanidade?

Para remediar o primeiro desses perigos, nada será mais útil do que fazer que mesmo aqueles que menos refletem adquiram o hábito de julgar suas próprias ações, trabalhem para regulá-las a partir de princípios da moral, procurem aperfeiçoar-se a si mesmos. E, para isso, seria necessário dar de algum modo a esse hábito uma marcha técnica.

Embora os princípios da moral monárquica não tenham sido tão puros, nem justos, nem elevados, não obstante a longa atenção que um grande número de homens na direção de monastérios foram obrigados a dedicar sucessivamente à instrução moral dos indivíduos confiados a seus cuidados e submetidos à sua autoridade, a importância que esses mesmos homens davam a dominar as opiniões e os sentimentos ainda mais do que as ações, a longo prazo deve ter feito nascer neles idéias úteis aos seus projetos e que podemos empregar com sucesso para objetivos maiores e mais desinteressados. Tal é o uso habitual de um exame de consciência destinado a facilitar os progressos da virtude, mostrando os que já foram feitos ou os obstáculos que os retardaram.

Essa idéia pode ser aplicada até certo ponto à massa inteira da sociedade. Seria fácil fazer um quadro simples e raciocinado das ações boas e más as quais se é levado a praticar pelas circunstâncias comuns da vida, colocando ao lado de cada uma os motivos que devem determinar evitá-las ou praticá-las, indicando o princípio de moral ao qual se relacionam, as conseqüências que podem desencadear. Esse quadro não conteria as violações graves, refletidas, das regras da moral, mas as pequenas infrações que nos acostumamos a fazer a essas regras, os hábitos que nos conduzem a isto, as imprudências às quais nos expomos. Ao lembrarmos de uma tal ação, veríamos que princípio a condena e, ao ler esse princípio, a ação que o violou viria se recolocar na memória e perturbar a consciência, pois o quadro deveria ser disposto de modo que pudesse cumprir esse duplo papel com igual facilidade e dar uma resposta a estas duas questões: *1 — Entre as ações que pratiquei, há alguma da qual devo me censurar, e que censura ela merece? 2 — Entre os princípios da moral prática, há algum que eu tenha violado?*

Para remediar o segundo inconveniente, para oferecer aos homens pouco esclarecidos um guia que nunca tem interesse

Cinco memórias sobre a instrução pública

em governá-los ou enganá-los, poder-se-ia também fazer um quadro analítico dos princípios da moral, de tal modo que um homem que procurasse julgar as ações que leria ou escutaria contar, ou das quais seria testemunha, que quisesse conhecer qual deve ser a conduta, numa determinada circunstância, ou apreciar um conselho que tivesse recebido, encontrasse facilmente nesse quadro a solução das dificuldades que essa decisão pode apresentar. Esse quadro teria também uma dupla função: sob um ponto de vista, conteria o sistema metódico das regras da moral; sob outro, conteria o sistema das diversas classes de procedimentos aos quais esses princípios remetem. Por meio desses quadros, um homem poderia, sem um grande hábito de reflexão e com a instrução mais comum, fazer progressos na moral prática, compensar as luzes que lhe faltam e adquirir novas luzes maquinalmente e quase sem trabalho. Esses quadros seriam diferentes entre si, uma vez que um conteria sobretudo princípios essenciais da moral; o outro, regras de conduta que são a sua conseqüência. Um remeteria a ações graves, importantes; o outro, aos hábitos, aos detalhes da vida comum. Um mostraria a relação dessas ações com a regra de direito; o outro, as conseqüências para a moralidade daquele que as praticou. Um ensinaria a julgar as ações, a opinar entre duas condutas opostas; o outro, a reconhecer os efeitos do hábito, para preveni-los ou tirar proveito deles.

Utilidade e dificuldade em substituir, na economia rural, uma rotina cega por uma prática esclarecida pela observação.

Em geral, a economia rural é apenas a aplicação daquilo que foi conhecido como mais certo pela experiência sobre os procedimentos da agricultura e a criação de animais. Essa experiência se reduz em quase toda parte a antigos usos que são seguidos, não porque sejam os melhores, mas porque conduzem de um modo quase seguro a extrair de sua exploração o produto sobre o qual foram feitos arranjos anteriores. Dá-se tanto para a aquisição de uma terra, para seu aluguel, porque sabe-se que essa terra, explorada com um pouco mais, um pouco menos de cuidado, e seguindo um método costumeiro, custará tal despesa de cultura e produzirá determinada colheita. Assim, nessas combinações econômicas, tendo sido feitas apenas segundo usos estabelecidos, seu sucesso não prova a adequação desses usos. O homem que cultiva bem é aquele que colhe cinco por um, enquanto seu vizinho colhe quatro e meio por um; ou aquele que, investindo numa terra igual tanto quanto um outro fazendeiro, tira dela um proveito maior; mas essa superioridade não prova que, com um método menos imperfeito, ele não teria recolhido oito por um dessa terra, que não teria retirado um lucro maior do que aquilo que gastou.

Aliás, se uma manufatura adquire um grau de perfeição de modo que possa dar produtos, com um serviço igual, a um preço mais baixo, ou, com um serviço melhor, a um preço igual, ela derruba as outras manufaturas que não podem enfrentar sua concorrência, porque ela mesma pode estender seu trabalho quase indefinidamente. Todavia, na agricultura, o termo que se pode atingir é quase sempre, sobretudo nos primeiros momentos, muito próximo do ponto do qual se partiu. Os aumentos são proporcionais à extensão do território daqueles que adotaram os métodos novos. E até o momento em que esses métodos começam a se tornar gerais, aqueles que os desprezaram só experimentam uma perda pouco sensível e têm

Cinco memórias sobre a instrução pública

apenas um fraco interesse em sair de sua rotina. Há, portanto, poucas artes que tenham tanta necessidade de se aperfeiçoar e que mais exigem que sua prática seja fundada sobre observações contínuas e experiências bem-feitas.

Se, em geral, conduzimo-nos somente por uma rotina cega; se o interesse em aumentar a fortuna dificilmente vence o hábito; se, como seria fácil citar exemplos, o próprio interesse pela conservação da vida não pode vencer esse hábito, é menos por preconceito ou por preguiça do que pela incerteza sobre a utilidade das inovações. Um homem pouco esclarecido, incapaz de distinguir uma verdade provada pela experiência de um devaneio anunciado com uma audaciosa importância, deve considerar toda inovação como um verdadeiro jogo de azar no qual ele não quer arriscar a sua subsistência, nem mesmo uma parte de sua fortuna. Essa prudência não é, pois, estupidez, já que só a grande probabilidade de sucesso pode justificar tentativas, quando não é a curiosidade que consagra a elas uma parte do supérfluo. A falta de instrução é pois a verdadeira causa do pouco progresso da agricultura, e não haverá mais queixa desse ódio comum pelas novidades quando os homens forem instruídos a apreciá-las. Mas eles preferirão ficar no mesmo lugar, enquanto só puderem andar nas trevas.

Se é útil instruí-los sobre as novas descobertas, não é menos útil expor os seus detalhes, de maneira que possam julgar por si mesmos a extensão e a certeza do sucesso; ensiná-los de que modo, por provas em pequena escala, podem assegurar-se de que as circunstâncias locais não tornam a sua aplicação difícil ou duvidosa. O método de expor uma descoberta não é o mesmo para o cientista ao qual se quer demonstrá-la e para o prático que deve empregá-la. Este último não tem necessidade de conhecer senão os meios e os resultados, enquanto o outro quer, sobretudo, saber como esses resultados foram produzidos. A exatidão para um termina no ponto em que ela deixa de ser útil; para o outro, ela se estende até onde os instrumentos ou os cálculos podem chegar. E, enquanto as considerações da despesa, do tempo, das dificuldades a serem vencidas desaparecem para o cientista, elas são tudo para o especulador. Essa diferença será ainda maior enquanto uma instrução mais geral não tiver aproximado a língua dos cientistas da língua vulgar.

É importante estabelecer uma comunicação rápida das luzes entre os homens que se ocupam dessa que é a primeira das artes. A natureza de seus trabalhos os liga ao solo onde os exercem. Eles não podem, sem apoios vindos de fora, esclarecer sua prática, a não ser por meio de observações feitas ao seu redor. As experiências que dependem da sucessão das estações, da ordem das produções naturais, são lentas e difíceis de serem multiplicadas ou repetidas.

É preciso enfim que os habitantes de uma extensão de terreno, submetida mais ou menos ao mesmo clima, conheçam a diferença dos métodos em uso, dos produtos que aí são cultivados, das preparações que são feitas, dos usos para os quais são empregadas, do mercado que lhes é oferecido, a fim de poder distinguir aquilo que, nessas diferenças, pertence à natureza e o que é efeito de hábitos, de opiniões, de leis estabelecidas. É pela reunião desses meios que, sem despesa nem dificuldade, se chegará pouco a pouco a fazer que cada terra produza tudo o que pode produzir de mais útil, seja para aquele que a cultiva, seja para aqueles que consomem suas produções, pois esse interesse é o mesmo. E se algumas vezes se

Cinco memórias sobre a instrução pública

pode considerá-las em oposição aparente, esse mal sempre tem como causa alguma lei proibitiva, algum ataque contra a liberdade nos lugares mais ou menos vizinhos, numa época mais ou menos distante. O mal que tais leis produzem avança rapidamente, enquanto o bem realizado pela liberdade é lento. Um é efeito instantâneo do desencorajamento que cede à força e geme em silêncio sob o braço opressor da necessidade. O outro é a obra sempre lenta da indústria e fruto tardio de longas economias. Deve-se acrescentar à economia rural essa parte da medicina humana ou veterinária que cuida da conservação dos indivíduos, esclarece sobre o regime que devem seguir, os perigos dos quais se deve protegê-los; a que ensina a tratar de incômodos leves, a cuidar de feridas; aquela, enfim, que indica as primeiras providências em caso de acidentes imprevistos, conhecimento que é necessário àqueles que não podem estar certos de encontrar num momento esses socorros esclarecidos. Aqui, a filosofia deve contrabalançar os inconvenientes da ignorância absoluta, os erros de um conhecimento imperfeito e os perigos maiores ainda dos preconceitos que tomam seu lugar. Ela deve suprimir os conselhos salutares, quando uma aplicação inadequada os tornaria funestos, mas dar esses conselhos, se eles puderem servir para destruir as práticas fundadas na ignorância e mais perigosas por si mesmas do que pelos erros de aplicação.

A instrução comum deve abarcar as descobertas nas ciências e nas artes, quando elas são de utilidade geral.

Entre as descobertas nas ciências e nas artes, há algumas que só interessam aos cientistas e aos artistas. Porém, há outras cuja influência mais imediata se estende sobre a sociedade inteira. Importa a todo homem saber que os produtos das artes dos quais ele faz um uso habitual adquiriram um novo grau, seja de solidez, seja de correção, ou que, preparados por meios mais simples, devem ter os preços baixados; importa conhecer os novos produtos que pode empregar para suas necessidades, ser instruído sobre verdades que podem esclarecer como proceder à sua conservação, sobre seus verdadeiros interesses, ou que lhe oferecem meios de bem-estar.

Necessidade de instruir os pais de família sobre a educação física e moral.

Enfim, é necessário que os homens recebam uma instrução metódica e contínua sobre a educação física e até mesmo moral de seus filhos. Pode-se considerar a ignorância dos pais e seus preconceitos fatores que degradam a espécie humana, diminuem a duração da vida e, sobretudo, a da idade em que o homem, fazendo mais do que se bastar a si mesmo, tem tempo e forças para sua família ou para sua pátria. A duração média da vida humana não se aproxima talvez, em nenhum país, do termo ao qual a natureza lhe permite atingir, e pode-se considerar essa duração média como uma escala própria para medir com bastante exatidão o grau de força das qualidades físicas, intelectuais ou morais. Num clima semelhante, ela poderia ainda servir para julgar a bondade das leis. Mas, quando se vê que, num país, sobre um número dado de homens nascidos num mesmo dia, subsiste metade após quarenta anos, enquanto, em outro país, antes do fim do terceiro ou até mesmo do segundo ano, mais da metade já deixou de viver, e que, no resto,

Cinco memórias sobre a instrução pública

o mesmo ponto se encontra colocado em alturas desiguais entre esses dois extremos; quando é evidente que essas diferenças não podem ter como causa única nem o clima, nem o governo; quando se observa que é sempre à moralidade da infância que é preciso atribuí-las, não podemos nos impedir de ver o quanto o aperfeiçoamento da educação física pode ter influência sobre a duração da vida e que, para o crescimento da população, importa menos multiplicar os homens do que saber conservá-los. Essa mudança, tão importante em seu efeito geral, não o seria menos para a prosperidade particular. As crianças que vivem são uma riqueza para as famílias pobres. Aquelas que morrem após terem definhado por alguns anos são a sua ruína. Para o homem a quem a educação deu uma constituição sadia, o trabalho é um patrimônio. Para o indivíduo doentio que definha, ele é uma fadiga, um meio de prolongar uma existência penosa. Um pode ser feliz e livre sem nada possuir, o outro é condenado a uma dependência da qual nem a riqueza pode libertá-lo.

A esses elementos da educação física, acrescentar-se-ão alguns princípios de educação moral, próprios a dar aos chefes de família meios de conduzir em direção à felicidade, à sabedoria e à virtude os hábitos que as crianças adquirem à medida que avançam na vida. Submetidas, bem como os adultos, à influência das impressões que ocorrem nelas, dos objetos que o acaso lhes apresenta e dos discursos dos quais são testemunhas, dos acontecimentos de sua vida, elas não são protegidas pela força de hábitos mais antigos ou por interesses mais poderosos que suas relações na sociedade ainda não puderam lhes dar. Elas devem, pois, ceder mais facilmente a essas impressões, serem mais inevitavelmente modificadas por elas. Se as abandonamos absolutamente ao acaso, mesmo que pudéssemos nos vangloriar de que conservariam esses grandes traços da bondade e da justiça originais, resultado necessário das leis da natureza, não se deveria temer que esses traços perdessem pelo menos sua pureza ou seu conjunto, como se vê freqüentemente acontecer com a regularidade que a natureza deu aos traços da face, pelo efeito de doenças da infância, de um alimento mais ou menos sadio, de um trabalho forçado e pela influência da temperatura ou insalubridade do clima? Sem dúvida, não se podem aqui controlar todos os elementos e subtrair absolutamente esses hábitos do império do acaso, mas se pode tirar proveito desses acontecimentos, quaisquer que possam ser.

Tudo o que é verdadeiramente independente da vontade humana pode ser utilmente empregado por uma razão esclarecida; exceto os maus princípios que nascem da comunicação com homens corrompidos, tudo pode ser dobrado aos interesses de uma educação bem dirigida. Os benefícios da fortuna, assim como seus males, a calma e a saúde, a tristeza ou a excessiva sensibilidade que acompanham os sofrimentos, as vantagens ou as desvantagens pessoais, dão igualmente os meios de formar o caráter e o senso moral. As ações, os sentimentos dos quais as crianças são testemunhas podem fornecer lições úteis, tanto que mereçam ser imitadas, quanto que devam inspirar apenas indignação ou desprezo. Essa ciência de empregar o que é oferecido pela série dos acontecimentos, quando não podemos dirigi-los segundo nossa vontade, deve, na prática comum, limitar-se a um pequeno número de preceitos fundados na observação e sobre o conhecimento da natureza. E esses preceitos, desenvolvidos por meio de exemplos bem escolhidos, serão facilmente postos ao alcance dos ho-

Cinco memórias sobre a instrução pública

mens menos instruídos. Não insisto sobre o que é chamado de *costumes*. Quer-se inspirar costumes? Que se afastem, então, em vez de fortalecê-las, essas idéias quiméricas de pureza, esses sentimentos de um horror maquinal, que não são obra da natureza nem da razão. Mas que se ensine às crianças que aquele que brinca com os males do outro, ou sacrifica a felicidade a suas fantasias, não é senão um homem duro e bárbaro, o qual, zombando com leviandade de seu crime, o agrava e não o desculpa, que a moda pode absolver, mas que a humanidade condena. Fazei que um ato de desumanidade repugne, por assim dizer, à sua organização; não os limiteis a essa probidade grosseira que só respeita no outro o seu dinheiro. Que as crianças saibam que o cuidado em conservar as forças necessárias para cumprir a extensão de nossos deveres é também um dever real, sagrado. Associai de um lado os costumes ao interesse pessoal, apresentando-os como um regime necessário à felicidade. Associai-os de outro lado aos grandes princípios da moral. Se, em seguida, afastardes as crianças da ociosidade; se lhes derdes o gosto pelo trabalho; se fizerdes nascer a necessidade da benevolência, da estima pelo outro e por si, então podeis ficar certos de que elas terão costumes e, se não os tiverem, não fiqueis desesperados ainda, nem por seus talentos, nem mesmo por suas virtudes.

Ensino para os adultos.

O ensino desses diversos assuntos deve ser estabelecido após os conhecimentos adquiridos na educação fundamental. Aqueles que percorreram os dois primeiros graus e que podem ainda prosseguir, se quiserem, as lições dos professores das

Condorcet

diversas ciências particulares, estarão em condições de buscar sua instrução nos livros. O mesmo não acontece com os que se limitaram à primeira instrução. O ensino ainda lhes é necessário. Poder-se-ia, pois, estabelecer que o professor encarregado desta primeira instrução seria ao mesmo tempo encarregado de dar, a cada domingo, uma aula para a qual seriam admitidas as crianças que saíram da escola, os jovens dos dois sexos, os pais e as mães de família. Porque é preciso ainda aqui evitar separar os homens das mulheres, oferecer a elas uma instrução mais limitada e abusar do nome da natureza, para consagrar os preconceitos da ignorância e a tirania da força. Uma nação não pode ter uma instrução pública se as mulheres não podem cumprir os deveres de professoras domésticas. E por que se excluiria precisamente a metade do gênero humano de funções que devem empregar um grande número de indivíduos e que exigem uma vida sedentária, função para a qual sua constituição física impõe a necessidade e lhes dá o gosto?

Para homens ocupados, a maioria com trabalhos físicos, o dia de repouso pode ser também um dia de estudo, uma vez que o repouso verdadeiramente salutar não consiste na nulidade absoluta, mas na mudança de ação. O homem que trabalhou a semana toda numa obra penosa descansa quando exercita seu espírito, assim como o trabalho do corpo descansaria o sábio fatigado por longas meditações.

Aliás, se por motivo de utilidade – que seria supérfluo detalhar aqui – os homens, ao invés de escolherem arbitrariamente seus momentos de repouso, concordarem em consagrar ao descanso um mesmo dia e de fixar esse descanso num período regular, esse dia será preenchido inteiro ou por negócios ou por diversões. A necessidade, uma atividade pouco comum

Cinco memórias sobre a instrução pública

ou a urgência de certos trabalhos poderão talvez forçar alguns homens a trabalhar enquanto os outros repousam, e retê-los em suas oficinas, quando ouvem em torno de si sons de prazer e alegria. Destinemos, pois, uma parte desses dias a ocupações instrutivas, já que os negócios só ocuparão uma pequena parte deles. Um dia inteiro de diversão terminaria em tédio; o tédio conduz a hábitos perigosos para a economia, para a saúde ou para a moral. Oferecer livremente a homens sábios um meio de empregar de modo útil um dia tirado de seus trabalhos ordinários é prestar um serviço à sociedade.

Nessas aulas, far-se-ia uma exposição raciocinada das principais disposições da constituição e das leis, para instruir aquelas crianças que ainda não as conhecem, e para lembrá-las às outras. Seriam ao mesmo tempo expostas as novas leis decretadas e os motivos apresentados para essas novas leis. Seria desenvolvido aquilo que, nos assuntos da instrução cujo plano acabamos de traçar, pode ser colocado ao alcance das crianças, aquilo que o tempo lhes permitiria aprender. Como enfim as crianças saíram da escola numa época em que ainda não se havia podido completar o ensino da moral, essa instrução se encerraria desse modo, sendo esse um meio de lembrá-la à juventude e aos homens feitos.

Não temamos o tédio nessas aulas. Se a instrução for fácil, ela se tornará um prazer. Não julguemos esses homens da natureza que, em meio a suas ocupações monótonas, não sentem a necessidade de serem agitados por sentimentos vivos, ou ocupados com idéias novas, segundo o tormento que nos faz experimentar uma atividade que consome mais alimentos do que ela pode reunir. Não os julguemos segundo nosso desprezo por tudo o que é apenas modestamente útil. Acreditemos que eles podem encontrar, aprendendo coisas comuns, um prazer que não é corrompido pela vaidade, que o hábito de impressões mais fortes não atenuou. Felizes tão-somente com os sentimentos da natureza, satisfeitos com um alimento grosseiro, seu corpo, sua alma, seu espírito estão em uníssono. E, em todo gênero, alimentos simples bastam a seus desejos.

O conhecimento dos meios de se instruir pelos livros deve fazer parte do ensino.

Seria necessário, sobretudo, ensiná-los a se instruir pelos livros. Em alguns gêneros de ciência, a leitura, independentemente de qualquer outro auxílio, basta para tudo conhecer. Tais são as ciências matemáticas. Os professores podem facilitar o trabalho. A conversação com cientistas célebres pode algumas vezes fazer nascerem idéias, esclarecer a marcha do gênio sobre algumas dificuldades que pertencem ao último estágio da ciência. No entanto, essa utilidade é quase imperceptível. O mesmo não acontece com as ciências físicas. Mesmo que se reunissem nos livros todos os recursos que a arte da pintura e mesmo do desenho podem oferecer, aqueles que só tiverem esse meio para se instruir apenas tirariam daí conhecimentos muito imperfeitos, sempre vagos e freqüentemente falsos. Em geral, os livros trazem todas as idéias abstratas, mas não apresentam os objetos reais, senão de modo incompleto e penoso. Entre esses objetos e a descrição que a palavra pode dar deles, permanece sempre uma diferença que somente o hábito de estudar alternadamente as coisas e os livros pode fazer desaparecer. A descrição de uma máquina ou de uma plan-

Cinco memórias sobre a instrução pública

ta, o relato de uma experiência química não substituem a visão da máquina, nem da planta, nem da experiência, a não ser para aqueles que já têm conhecimentos reais da Mecânica, da História Natural, da Química. É, portanto, só para estes que o plano ou a descrição da máquina é a própria máquina, que o relato da experiência, se for bem feito, põe sob os olhos os seus procedimentos e resultados. Enfim, a idéia do objeto que eles não viram pode ser a mesma que, depois de terem observado, lhes teria permanecido na memória. Nesses diferentes gêneros, é preciso que uma instrução recebida dos próprios objetos tenha precedido aquela que os livros podem dar.

Em outros gêneros, é preciso, além disso, aprender a lê-los. Por mais bem feito que seja um livro, ele não terá nunca senão uma semi-utilidade, se aquele que o lê não sabe encontrar num outro um esclarecimento do qual tem necessidade, procurar uma palavra num dicionário, um objeto numa tabela, um lugar num mapa, uma época num quadro cronológico, ou seguir uma descrição sobre uma prancha. Isso ainda não é tudo: pode-se responder que um homem só lerá obras elementares que contêm apenas verdades? É preciso, pois, ensiná-lo a ler outros livros, a aplicar seus raciocínios e as máximas aos princípios sobre os quais já tem opinião formada, a não tomar de modo literal as figuras de estilo nem os exageros de idéias. Em tudo que não é metafísica intelectual ou moral, nem cálculo, nem fatos naturais, haveria dificuldade para encontrar frases que tenham um só sentido. Quase sempre elas têm um duplo objetivo de expor uma proposição e de manter a atenção do homem para quem a proposição é exposta, instigando um sentimento, apresentando imagens, escolhendo expressões que despertam outras idéias.

Condorcet

Acostumados a ler, habituados a estilos diversos, esses acessórios nos divertem ou nos interessam, nos desgostam ou nos entediam, mas não nos impedem de apreender, sob o envelope que a cobre, a proposição que se quer que entendamos. O mesmo não acontece com os que não têm esse hábito. Não seria difícil fazer um relato puramente alegórico, no qual, mudando os nomes, desnaturando os acontecimentos, fazendo que seres imaginários ajam, supondo fatos quiméricos, ter-se-ia escrito contudo uma história real muito clara para um certo número de pessoas, mas absolutamente ininteligível para todas as outras, ou antes, apresentando-lhes, seja um conto, seja (desde que o fantasioso aí esteja tratado com moderação) uma história absolutamente disparatada. Ora, esse duplo sentido, tão sensível nesse exemplo, não é menos real na maioria dos livros. Existe, entre os homens cujo espírito é exercitado e os outros, a mesma diferença que há entre aqueles que têm e os que não têm a chave da alegoria. De que modo, portanto, instruir-se pelos livros, se não se aprendeu a entendê-los bem?

Os elementos muito simples daquilo que chamamos crítica não são menos necessários. Devem-se discernir os caracteres e os graus de autoridade dada aos fatos, ou o gênero de livros que os contêm, ou o nome dos autores, ou o estilo e o tom da obra, ou enfim a própria natureza desses fatos. É preciso saber decidir entre testemunhos opostos e poder reconhecer quando a concordância entre os testemunhos se torna um sinal de verdade.

O primeiro movimento dos homens é o de tomar literalmente e acreditar em tudo que lêem, assim como em tudo que ouvem. Quanto mais livros ler aquele que não aprendeu a se defender desse movimento, mais ignorante se tornará, pois não saberá senão verdades, e todo erro é ignorância. A leitura

Cinco memórias sobre a instrução pública

não ensinará nada a um homem armado de uma desconfiança cega; aquele, que, ao contrário, resistindo a essa impressão, admite somente o que está provado e permanece na dúvida sobre todo o resto, só encontrará verdades nos livros.

Livros necessários para esta instrução

1 — Livros elementares que devem ser a base do ensino dos alunos

Vejamos agora quais livros devem ser preparados para a instrução direta e para aquela que se deixa absolutamente à vontade.

É necessário de início contar com livros elementares que tenham como assunto as diversas partes do ensino que acabamos de expor. Esses livros devem, sobretudo, ser compostos para homens que se limitaram ao primeiro grau de instrução, já que os livros elementares destinados aos outros graus tomarão seu lugar para aqueles que os cumpriram. Entretanto, como esses novos elementos devem apresentar os assuntos de um ponto de vista próximo do uso comum, eles ainda podem ser úteis mesmo para os homens mais esclarecidos, pois aquele cuja memória é mais segura, cuja mente é mais forte e cuja atenção é mais livre, está ainda bem longe de ter à sua disposição tudo o que aprendeu e mesmo tudo o que fez.

2 — Obras históricas

A essas obras elementares é preciso acrescentar coletâneas de história, no início por traços isolados, depois contendo a vida inteira de alguns homens célebres. Encontrar-se-ia um modelo desse gênero em Plutarco, para a vida dos guerreiros, dos homens de Estado; as que ele nos deixou reúnem, em uma coleção preciosa de fatos próprios para caracterizar os homens e para descrever seus costumes, uma escolha não menos feliz de palavras refinadas, ou sublimes, ou tocantes. O estilo natural, as reflexões que, ditadas por um sentido correto, respiram a bondade, a candura e a simplicidade, enfim, todo esse gosto por uma virtude indulgente e modesta, que consagra todas as suas páginas, fizeram dessa obra uma leitura deliciosa para os espíritos justos e para as almas sensíveis. A mudança das opiniões e dos costumes não conseguiu destruir o seu encanto.

Poder-se-ia empregar uma parte dessa obra, servindo-se da tradução de Amyot, que será fácil purgar das faltas de linguagem, sem nada lhe tirar de sua ingenuidade, que a torna preferível ainda a outras traduções mais corretas, mas privadas de movimento de vida. Na verdade, não se deve crer que a graça do estilo de Amyot e o encanto e a energia do de Montaigne venham de sua linguagem antiga. Sem dúvida, o uso que fazem de algumas palavras expressivas que envelheceram, de algumas formas de frases enérgicas ou picantes, hoje proscritas da linguagem, contribuem para o prazer que nos dá sua leitura. Porém, nada exige o sacrifício dessas palavras ou frases. A pureza do estilo não consiste em empregar palavras ou contornos da linguagem habitual, mas em não ferir a analogia gramatical nem o espírito da língua, em palavras inusitadas, em formas de frases novas ou rejuvenescidas que podemos nos permitir. Ela exige que não se choque o uso habitual a não ser para exprimir-se com mais propriedade, precisão, energia ou

Cinco memórias sobre a instrução pública

graça. E essa regra é fundada na própria razão. Com efeito, toda violação do uso comum produz uma impressão que necessariamente ocupa uma parte da atenção destinada a entender o que se lê ou o que se ouve: é preciso, em conseqüência, uma compensação para essa dificuldade. Portanto, preparando para a instrução comum a obra de um de nossos velhos autores, nada impede que conservemos a palavra antiga, se ela for a melhor, mas nada deve também nos impedir de corrigi-la, se ela não tiver outro mérito senão o de ter caído no desuso. Seria mais necessário ainda retirar das vidas de Plutarco os prodígios, os contos, os falsos julgamentos, as opiniões absurdas que freqüentemente são encontradas nelas. Aqueles que procuram conhecer o espírito do tempo em que ele viveu lerão suas obras tais como ele as deixou; os que quiserem apenas uma leitura agradável e útil nada perderão nesses cortes.

Poder-se-ia, imitando Plutarco, apresentar também a vida dos homens ilustres modernos, preferindo-se os patriotas. Não seria difícil escrever filosoficamente sobre a vida cavalheiresca de Bayard ou de Du Guesclin. Os homens que se tornaram iguais sob o império da razão podem contemplar com prazer, assim como com benefício, no meio da espécie humana aviltada, essas almas verdadeiramente nobres, que não foram degradadas pelos preconceitos que as sujeitavam, e que uma falsa altura não rebaixou. Verão com interesse os esforços que a coragem fez pela liberdade se tornarem inúteis pela ignorância e, em todo lugar, a desigualdade trazendo de volta a tirania. Admirarão alguns homens raros elevarem-se acima de seu século, não tomando de seus erros a não ser o suficiente para não tornar inverossímil que eles tenham podido pertencer a esses séculos.

Os elogios feitos nas academias ofereceriam modelos para a vida de cientistas, filósofos e literatos célebres. Nos séculos de preconceitos, aqueles que esclareceram os homens não raro diminuíram o mal que lhes era feito por aqueles que governavam e, num século de luzes, toda verdade nova é um benefício. A história dos pensamentos dos filósofos não é menos a história do gênero humano do que a das ações dos homens públicos. Aliás, as virtudes simples de homens felizes pela independência e pelo estudo são de imitação mais fácil, mais geral, do que as virtudes públicas de um general ou de um chefe de nação. Seria útil que todo homem tivesse as virtudes de um sábio, mas poucos empregariam as virtudes de um herói, e não é desejável que muitos tenham o desejo ou a necessidade disto.[2]

Se os contos de ficção são preferíveis para as crianças, cujo espírito nascente ainda precisa que os acontecimentos que lhes devem servir de lição sejam proporcionais à sua fraqueza, a história convém melhor aos adultos. Sem ser menos moral, desde que se esteja em condições de compreendê-la, ela é mais uma lição de experiência, e mostra não somente o que se deve, mas também o que se pode fazer.

De fato, se os romances são úteis, é sobretudo quando escondem a intenção de sê-lo. Eles não estão, portanto, entre os livros que o poder público deva destinar à instrução direta.

---

2 Poderíamos igualmente nos servir desses elogios, mas com mudanças. Tal projeto foi executado em parte por M. Manuel [Louis-Pierre Manuel (1751-1793). Condorcet refere-se à obra publicada em 1798: *L'année française ou Vie des hommes qui ont honoré la France pour leurs talents ou par leur services pour tous les jours de la année* (O anuário francês ou Vida dos homens que honraram a França por seus talentos ou por seus serviços em todos os dias do ano) (N.E.).]

Cinco memórias sobre a instrução pública

3 — Um dicionário, um jornal, um almanaque

A estas obras para a instrução dos adultos devem-se acrescentar os dicionários, almanaques e jornais. Assim, seria necessária uma pequena enciclopédia bem curta e precisamente ao alcance daqueles que tivessem recebido apenas o primeiro grau de instrução. Seria preciso que eles pudessem encontrar nela a explicação de palavras que não compreendessem nos livros, os conhecimentos mais usuais, aqueles que formam, de algum modo, o corpo de cada ciência. Enfim, a indicação dos livros nos quais pudessem instruir-se mais. Acrescentar-se-ia um jornal que contivesse as novas leis, as operações administrativas, as descobertas das ciências, as novas práticas nas artes, os fatos interessantes da economia rural. Enfim, reunir-se-ia a cada ano, num almanaque, o que esse jornal tivesse de mais interessante e de mais útil a conservar.

Poder-se-iam repetir nele os quadros úteis de elementos que é necessário conhecer, e que é cômodo poder encontrar à vontade sem sobrecarregar a memória, tais como as principais épocas, alguns elementos do sistema geral do mundo, os pesos e medidas, a temperatura média, a população, as produções mais gerais, as mais úteis nos diversos países, o quadro da organização política da nação. Esse almanaque teria uma parte comum a todas as regiões do país, e uma particular para cada um delas. Far-se-ia de modo que a mesma obra, segundo se tomassem mais ou menos partes, pudesse convir a todos os graus de instrução e de interesse. Esses livros devem ser escritos num estilo simples, mas grave. O ingênuo Richard pode multiplicar os provérbios, porém o poder público faltaria com o respeito que deve ao povo, se obras adotadas tivessem esse

Condorcet

gênero de familiaridade que anuncia uma superioridade que queremos abolir.

Obras que devemos nos limitar a encorajar.

Até aqui tratamos apenas de obras cuja execução o poder público deve ordenar e dirigir. Mas há outras que devemos apenas encorajar. Cada centro de instrução deve ter uma biblioteca. Ao designar algumas obras para as bibliotecas dos distritos, e outras, em maior número, para as dos departamentos, ter-se-á um meio de acelerar a composição, a publicação de livros úteis e de certo modo segundo seu grau de utilidade, sem sermos obrigados a novas despesas. Seria ao mesmo tempo uma vantagem real e um sinal de honra para um escritor ver suas obras colocadas nessa lista. Contudo, seria necessário ter cuidado em empregar dessa maneira somente uma parte dos fundos destinados a cada biblioteca, e deixar o emprego do resto para a pessoa encarregada. Por esse meio, o poder público não poderá ter sobre as opiniões uma dominação sempre perigosa, não importando a quem ele é confiado, e aqui, como em outros assuntos, deve-se ser fiel ao princípio de nada dirigir sem respeitar a independência.

Eu colocaria no rol dos trabalhos que é bom serem encorajados de início, uma edição abreviada dos autores dos séculos XVI, XVII e mesmo uma parte do século XVIII que têm uma reputação merecida, tais como Descartes, La Motte le Vayeur, Arnaud, Bayle, Nicole etc., pois pode ser útil e também interessante conhecer a maneira de ver desses homens célebres, impossíveis de ler dada a extensão de suas obras e o que contêm de fastidioso, hoje que os homens não têm mais as mes-

Cinco memórias sobre a instrução pública

mas opiniões e não se ocupam dos mesmos interesses. Com efeito, à medida que os livros se multiplicam, que temos ainda muitos de um grande número de épocas, os progressos das luzes transformam em absurdos o que era considerado verdade eterna e fazem que se desprezem as questões que eram consideradas importantes. Os pequenos detalhes despertavam nos contemporâneos a curiosidade e o interesse; a posteridade quase não se interessa por conhecer as totalidades: tinha-se a necessidade de provar exaustivamente aquilo do qual hoje não se duvida. Freqüentemente, mesmo a natureza das provas não é mais a mesma: o que satisfazia aos espíritos outrora não seria hoje mais do que um amontoado inútil de lugares-comuns ou de hipóteses vagas. Desse modo, os livros deixam de poder ser de leitura comum depois de um período de tempo, tanto mais curto quanto a marcha da razão tenha sido rápida, ou então se deve torná-los interessantes para todos os leitores, efetuando-se cortes, enquanto apenas os sábios leriam ainda esses originais. Os resumos bem feitos seriam suficientes até mesmo para os homens esclarecidos.

Mas não se deveria cortar desses textos, como havíamos proposto para a vida dos homens ilustres destinada à educação moral, tudo o que não tende diretamente à instrução; deve-se deixar tudo o que caracteriza o autor ou o século. Esses livros devem ser de memórias para a história do espírito humano, seus esforços, suas quedas ou seus sucessos nas artes, nas letras, nas ciências, na Filosofia. Aquele que se limita a conhecer apenas a época em que vive, mesmo que esta tenha sobre as outras uma superioridade notável, expõe-se a compartilhar todos os preconceitos de seu tempo, pois cada geração tem os seus, e o mais perigoso de todos seria o de se crer muito perto dos limites da razão para não precisar mais temer esses preconceitos. Uma parte das obras dos matemáticos, dos astrônomos, dos físicos, dos químicos deveria entrar nessa coleção. Embora os progressos das ciências tenham trazido novos métodos, é bom conhecer os que os precederam, poder observar neles a marcha do gênio, vê-lo às voltas com dificuldades das quais rimos hoje em dia.

Outro empreendimento não menos digno de encorajamento seria a tradução de todos os livros que sejam um pouco importantes e aparecem em diversas línguas da Europa, sobre as ciências, Política, Moral, Filosofia, as artes, História, as antigüidades. Por esse meio, cada nação inteira tiraria proveito dos progressos de todos os povos: uma comunicação de luzes quase instantânea se estabeleceria entre eles, e a França, que seria o seu foco, retiraria dela as principais vantagens. Seus grandes escritores tornaram a língua francesa o idioma de todos os homens esclarecidos da Europa. Muitas nações já adotaram as formas mais simples, mais metódicas de nossas frases, de modo que suas línguas quase não diferem da nossa, a não ser porque empregam palavras diferentes e diversamente modificadas. Ora, se o conhecimento do francês acrescentasse ao prazer de poder ler nossas boas obras a utilidade de encontrar em nossas traduções tudo o que nas outras línguas mereceria ser conhecido, quase no momento em que aqueles que a entendem podem aproveitar, a língua francesa obteria logo a honra de tornar-se verdadeiramente um idioma universal. E de que utilidade seria essa vantagem! Hoje em dia, nenhuma nação poderia nos disputar essa honra, nem nos impedir de nos apropriarmos dela. Dois idiomas somente poderiam lutar conosco pelo número de homens que os fala, pela extensão do país onde são de uso

Cinco memórias sobre a instrução pública

comum, pelo mérito e a multiplicidade dos livros já publicados, ou que cada ano aparecem; enfim, pelo papel imponente que as nações exercem na Europa. São a língua alemã e a língua inglesa; todavia, seu uso é menos difundido do que o do francês entre as nações, e essa única razão, mesmo que elas imitassem o projeto que indicamos aqui, bastaria para fazer a balança inclinar-se inexoravelmente a nosso favor.

Facilidade de compor as diversas obras necessárias à instrução.

Nestas memórias, falei muitas vezes de livros elementares destinados às crianças ou aos adultos, de obras feitas para servir de guia aos mestres encarregados de ensinar esses primeiros elementos, de quadros compostos segundo diferentes pontos de vista da instrução. Talvez não seja inútil advertir aqui que eu havia feito o projeto dessas obras e preparado os meios necessários para executá-los. Assim, eu não propus nenhuma idéia sem antes me assegurar de que era possível e mesmo fácil concretizá-la. A esperança de contribuir para os progressos da razão, de difundir mais prontamente, mais igualmente, os princípios nas gerações que devem nos substituir, de prepará-las, tomando-as em seus primeiros anos, para receber ou descobrir as verdades que a natureza lhes reservou, teria inspirado em mim a coragem de me dedicar a esse trabalho. No meio do espetáculo aflitivo dos erros e dos vícios que deles se originaram, é consolador poder transferir seus prazeres para o futuro e é no futuro que esses prazeres existem para aqueles que, em todas as épocas, comparando o que é com o que poderia ser, só podem ver à distância o bem que concebem. Com efeito, tal é a lei da natureza, raramente sujeita a exceções passageiras, trazidas por acontecimentos extraordinários, que a razão se antecipa sempre à felicidade e que a sorte de cada geração seja a de aproveitar as luzes daquela que a precedeu e de preparar as novas gerações, das quais usufruirá somente aquela que se seguir. As gerações nascentes não opõem preconceitos, nem paixões, nem falsas combinações de interesse pessoal à felicidade que se quer difundir sobre elas. Não se tem necessidade do seu consentimento. O bem que lhes fazemos de antemão é puro e não custa nem mesmo lágrimas aos maus. Por que o prazer de concorrer para esse bem não seria atraente, quando nenhuma glória viesse se misturar à sua sedução? Será que somente a glória pode dar a coragem de vencer as dificuldades e o desgosto no trabalho? E o prazer da utilidade que se prevê num futuro distante não pode compensar aquele de perseguir e apreender verdades ainda escondidas a todos os olhos? Por que não poderíamos usufruir de um bem que ainda não existe e que durará, assim como podemos usufruir de um bem que se fez e que talvez não exista mais? Entretanto, não era nem mesmo a idéia de uma utilidade geral que me levara a ocupar-me desses projetos. Não bastava que eles não fossem inúteis a alguns indivíduos ou a mim mesmo, porque nossas crianças estão perto demais de nós, para que sua felicidade não seja de interesse pessoal e anterior à de todos?

Da instrução que se pode encontrar nas oficinas de máquinas e nos museus de História Natural etc.

À instrução tirada dos livros se acrescentará a que pode ser encontrada nos museus de História Natural, nas oficinas de máquinas ou nos jardins de Botânica estabelecidos em cada centro. Ter-se-á o cuidado de reunir de preferência objetos que se encontrem na própria região e cujo conhecimento tem, para aqueles que aí habitam, uma utilidade próxima. Serão escolhidos os modelos de máquinas empregadas na Medicina, nas culturas costumeiras do lugar, nas Artes que nesse local são praticadas, nas manufaturas que aí estão estabelecidas. Nos jardins, serão colocadas as plantas empregadas na Medicina ou nas Artes, aquelas cujo cultivo seria útil encorajar, aquelas, enfim, que é bom conhecer para aprender a preservar-se do mal que elas podem fazer, seja ao homem, seja ao animal. Esses museus seriam abertos a todos os cidadãos em certos dias e, aos domingos, os professores encarregados do ensino particular das Ciências Naturais dariam lá uma aula e responderiam a questões que lhes seriam propostas.

É necessário ensinar os meios de instruir a si mesmo pela observação e sobretudo pela prática de observações meteorológicas.

Não basta ter multiplicado os meios de se instruir pela observação, se não acrescentamos lições sobre a arte e os meios de observar. Bergmann apresentou um modelo para a mineralogia; encontraremos outros nas obras dos botânicos, quanto ao modo de observar as plantas, e não seria difícil colocar ao alcance de todos os espíritos os princípios verdadeiramente essenciais dessa arte. Insistiremos sobre a arte de fazer observações meteorológicas. A influência das variações da atmosfera sobre as produções da terra, sobre a saúde dos homens, até sobre o sucesso de várias operações da arte, torna estas observações muito importantes. É verossímil que não estejamos tão

Condorcet

longe do tempo no qual se tornará possível prever essas variações, não com a exatidão e a precisão das previsões astronômicas, mas com uma probabilidade bastante grande, para que seja mais útil tomar essas conjeturas como regra do que abandonar-se ao acaso. Essa espécie de previsão não poderia ser geral, mas, segundo a natureza dos fenômenos, poderia abarcar espaços maiores ou menores. Dessa maneira, poder-se-ia prever com precisão o tempo que vai fazer num tal vale e num outro, mas a previsão não seria a mesma para ambos. Os fenômenos das marés, que dependem de uma causa geral mais simples e cujo efeito é menos alterado por outras influências, não seguem rigorosamente as mesmas leis nos diversos mares, nem sobre costas diferentes, nem mesmo sobre todos os pontos de uma mesma costa. No entanto, a teoria geral explica todas essas desigualdades. Por essa razão seria no máximo a este ponto que se poderia levar à perfeição as previsões meteorológicas.

Outra consideração obriga a insistir neste assunto. É que os homens do campo já fizeram para si uma arte de prever que, embora desprovida de qualquer método verdadeiro e freqüentemente dirigida por preconceitos, não é inteiramente quimérica. É impossível impedi-los de se entregarem a sua arte, tornando-se necessário, então, ensinar-lhes como podem aperfeiçoá-la. Os sinais naturais que servem de base a suas previsões podem esclarecer sobre as conseqüências que resultam de observações feitas com instrumentos, assim como o uso de instrumentos pode lhes ensinar a fazer dessas mesmas previsões um uso mais seguro. Gostaria de encontrar em cada fazenda um termômetro, um barômetro, um higrômetro e, em algumas, um eletrômetro, enfim um registro em que o agricultor escreveria observações; apreciaria vê-lo servir-se de suas pró-

Cinco memórias sobre a instrução pública

prias luzes, julgar não apenas as tradições antigas, mas as opiniões modernas, e elevar-se à dignidade de homem por sua razão e por seus costumes.

As sociedades científicas servem à instrução, ao dirigir a opinião.

Entre os meios de instrução para os homens, contaremos ainda com as sociedades científicas. Não se trata aqui de sua influência sobre o progresso das ciências e das artes, mas daquela que têm por seus julgamentos e opiniões. É impossível supor uma instrução tal que cada homem esteja em condições de julgar por si mesmo o que pode ser útil, apreciar todas as idéias, todas as novas invenções, pelo fato mesmo de que, como elas são novas, disto resulta que, como foi necessário o gênio ou o trabalho para encontrá-las, são necessários, para julgá-las no momento em que aparecem, conhecimentos que se aproximem daqueles dos quais os inventores precisaram em suas pesquisas. A desigualdade dos espíritos, a do tempo empregado a se instruir, a multiplicidade das profissões que não exercitam as faculdades intelectuais, ou que as concentram em alguns assuntos, tornam impossível esse grau de perfeição. É, portanto, útil que existam juízes sobre cujas luzes a razão dos homens comuns possa se apoiar, e que os dispensam, não de instruir-se, mas de escolher sua instrução. É útil para eles ter um sinal pelo qual possam reconhecer a opinião de homens esclarecidos, que, quando é unânime e definitivamente formada, está quase sempre de acordo com a verdade. É isso que eles encontram num sistema de sociedades que abarque todas as ciências e todas as artes.

Raramente esses guias nos desviarão do bom caminho enquanto as sociedades forem constituídas da elite dos homens esclarecidos. E se elas deixassem de conter essa elite, perderiam sua autoridade antes que pudessem tornar-se perigosas. Mesmo que o poder público, enganado, quisesse manter essa autoridade, seus esforços seriam inúteis. Desde o instante em que as querelas do jansenismo ensinaram que a Sorbonne não era mais a elite dos teólogos, nem o poder real, nem a proteção do clero puderam conservar sua autoridade entre os amantes de Teologia. As universidades perderam a sua, no momento em que as academias ofereceram ao público um foco de luzes mais brilhante e mais puro.

A liga que parece ter-se formado contra as academias é a de indivíduos que, aspirando a dominar a opinião para governar os homens ou usurpar a glória dos outros, queriam aniquilar uma barreira que se opõe a seus projetos: elas serão, pois, úteis até o momento, ainda muito distante, no qual será impossível alterar a opinião, ao mesmo tempo em que contribuirão para acelerar a época. Não se trata aqui de propor um instrumento ao poder público, a fim de que se aproprie dele para aumentar sua força, mas antes uma censura útil que é seu dever estabelecer contra si mesmo.

Os espetáculos e as festas devem ser meios indiretos de instrução.

Falamos até aqui dos meios diretos de instruir ou influir sobre a instrução propriamente dita; existem também meios indiretos de instrução, ou melhor, de instituição, que não devem ser negligenciados, mas dos quais não se deve abusar, e

Cinco memórias sobre a instrução pública

cuja importância seria pouco filosófico negar ou exagerar. E, enfim, já que sua ação existiria independentemente do poder público, é bom que ele possa se apropriar deles para impedi-los de contrariar seus objetivos. Quero falar dos espetáculos e das festas. Podemos usar esses meios para lembrar fortemente as épocas sobre as quais é útil fixar a atenção dos povos, para alimentar neles, para estimular até, o entusiasmo e os sentimentos generosos da liberdade, da independência, da dedicação à pátria; enfim, para gravar nos espíritos um pequeno número desses princípios que formam a moral das nações e a política dos homens livres. Aqueles que puderam observar os progressos da opinião, no último meio século, viram qual foi a influência das tragédias de Voltaire; o quanto essa multidão de máximas filosóficas, difundidas em suas peças ou expressas em quadros patéticos e terríveis, contribuíram para livrar o espírito da juventude dos ferros de uma educação servil, para fazer que pensassem, aqueles que a moda destinava à frivolidade; o quanto elas ofereceram idéias filosóficas aos homens mais afastados da Filosofia. Assim, pôde-se dizer, pela primeira vez, que uma nação havia aprendido a pensar e, adormecidos durante muito tempo sob o jugo de um duplo despotismo, os franceses puderam desenvolver, nesse seu primeiro despertar, uma razão mais pura, mais ampla, mais forte do que até mesmo aquela dos povos livres. Aqueles que quiserem negar esses efeitos lembrem-se de Brutus, acostumando o povo escravo aos orgulhosos acentos da liberdade e, nos últimos sessenta anos, o século em que o espírito humano fez os mais rápidos progressos, encontrando-se ainda no nível da Revolução Francesa. Todavia, esses mesmos meios podem corromper o espírito público, assim como podem aperfeiçoá-lo; é

191

preciso, pois, vigiá-los, mas sem prejudicar os direitos da independência natural. O teatro deve ser absolutamente livre. Fez-se dele um meio de ameaçar os direitos dos cidadãos? É um delito que se deve reprimir, e a possibilidade de abusar da liberdade não dá o direito de constrangê-la. Adotai o princípio contrário, e não restará nada de livre a não ser pela indulgência arbitrária do legislador, pois não há nada que, nas mãos de um homem perverso, não possa se tornar um instrumento de crime. Mas o poder público, honrando com seus cuidados os teatros onde se fala aos homens com uma linguagem digna deles, deixando os outros na multidão de diversões obscuras cuja existência ele não se digna a assinalar, pode facilmente obrigá-los a se conformar aos seus objetivos.

Devem-se estabelecer dias regulares de festas nacionais, associá-las a épocas históricas. Haveria festas gerais e festas particulares. Uma cidade, cujos cidadãos se tivessem distinguido numa ocasião memorável, consagraria seu aniversário com uma festa. A nação celebraria aquelas nas quais agiu inteira; essas poderiam datar do momento de sua liberdade. Antes dela, não poderiam ter existido acontecimentos verdadeiramente nacionais. O mesmo não ocorreria com as festas particulares. Uma cidade poderia celebrar o nascimento de um homem ilustre, que recebeu a vida dentro de seus muros, ou as ações generosas de seus cidadãos. Há grandes homens e belas ações sob todas as constituições. Expulsar os inimigos das muralhas de sua cidade, dedicar-se à salvação de sua região, mesmo que não se tenha pátria, tais ações podem ainda ser modelos de heroísmo. Essas festas seriam acompanhadas de espetáculos oferecidos aos cidadãos. Apesar da pouca constância de nosso clima, não é impossível nem mesmo nas gran-

Cinco memórias sobre a instrução pública

des cidades ter, não espetáculos *gratuitos*, espécie de esmola que se dá ao povo e o faz antes invejar do que compartilhar os prazeres do rico, mas espetáculos verdadeiramente populares. Sem dúvida, uma tragédia complicada, cheia de máximas engenhosas, oferecendo desenvolvimentos de todas as nuances, de todas as finezas do sentimento, exigindo uma atenção contínua, uma compreensão perfeita de todas as palavras e até mesmo a facilidade de compensar ao que só se ouviu pela metade, sem dúvida, uma tragédia desse gênero não conviria a esses espetáculos. Entretanto, peças mais simples, nas quais há mais ações do que palavras, mais quadros do que análises, nas quais os pensamentos seriam fortes, as paixões pintadas com grandes traços, poderiam ser apresentadas. E da reunião da pantomima com a arte dramática nasceria uma nova arte destinada a essas nobres diversões. Não seria necessário que essas tragédias tivessem um grande interesse, desde que apresentassem um fato histórico imponente, e seriam preferíveis à simples pantomima que, exigindo o hábito para ser compreendida, não pode convir a espetáculos que não são cotidianos. Essas peças seriam em versos, a fim de que as máximas fossem mais facilmente retidas e que, por meio de uma declamação um pouco ritmada, se pudessem fazer ouvir por um maior número de espectadores. Elas ofereceriam à arte novas dificuldades a vencer, mas também traiam novas belezas.

Marchas solenes, inspeções e evoluções militares, exercícios de ginástica próximos de nossos costumes, diferentes dos costumes dos antigos, mais próprios que os deles para dispor ao emprego sério de nossas forças, ou destinados a evitar os efeitos dos hábitos prejudiciais que certas profissões fazem adquirir; danças cujas figuras e movimentos lembrariam os acontecimentos que se querem celebrar, todos esses jogos seriam preparados nos lugares cujas decorações e inscrições falariam a mesma linguagem, levariam às mesmas idéias, e os exercícios seriam, ao mesmo tempo, uma diversão para a juventude e a infância, um espetáculo para a idade madura e para a velhice.

Os exercícios dos gregos se relacionavam todos à arte militar. No entanto, em seu entusiasmo por esses jogos, logo eles fizeram o que normalmente acontece com os homens: esqueceram a finalidade e se apaixonaram pelos meios; seus ginásios criaram atletas e não cessaram de formar soldados. Em Roma, foi-se mais fiel à idéia da instituição e, até os últimos dias da República, os prazeres da juventude foram a escola da guerra. Entre nós, é para diminuir a influência perigosa dos ofícios sedentários sobre a força e a beleza da espécie humana, corrigir o efeito daqueles que curvam o homem para a terra, manter entre as diversas partes do corpo o equilíbrio rompido na maioria dos trabalhos, que devem tender sobretudo esses mesmos exercícios. Entre os antigos, esses ofícios que tornam os homens menos próprios aos trabalhos guerreiros eram reservados aos escravos; os exercícios do ginásio eram para os cidadãos ociosos, homens que desenvolvem todos os membros. Bastante felizes com o fato de que nossa liberdade não seja conspurcada com o crime, são mãos livres que exercem esses ofícios, que cultivam as artes, e são principalmente homens cujos corpos foram dobrados aos hábitos desses ofícios que nossa ginástica deve ter em vista. Os jovens se preparariam para se distinguir nas festas, e não haveria necessidade de mais preparativos para introduzir na educação o uso de exercícios úteis. Tudo nessas festas respiraria a liberdade, a sentimento

Cinco memórias sobre a instrução pública

de humanidade, a amor pela pátria; ter-se-ia o cuidado de não deixar multiplicar seu número, e seria difícil conseguir para essas festas o nome imponente de festas públicas. Julgar-se-ia com solenidade se tal homem, tal ação, tal acontecimento é digno dessa honra, e uma festa concedida a uma capital se tornaria uma recompensa para toda a província. Proclamar-se-iam as honras públicas concedidas à memória dos homens de gênio, aos cidadãos virtuosos, aos benfeitores da pátria; o relato de suas ações, a exposição de seus trabalhos seriam um motivo poderoso de emulação e uma lição de patriotismo ou de virtude. Seriam distribuídos prêmios e coroas. Os prêmios devem ser reservados para aqueles que melhor tenham feito algo útil, um livro, uma máquina, um remédio etc. Mas não deve haver prêmios para ações. A glória é, sem dúvida, uma recompensa digna da virtude, mas a vaidade não deve contaminar os nobres prazeres. O homem virtuoso pode encontrar uma doce volúpia nas bênçãos públicas, no sufrágio de seus pares, porém, o prazer de acreditar-se superior não é feito para seu coração, e ele não emprega seus pensamentos e esforços para elevar-se acima dos outros, mas para aperfeiçoar-se a si mesmo.

Aliás, para fazer um juízo de preferência, deve-se ter uma escala segura, e falta tal escala para o mérito das ações, visto que o mérito está especialmente no sentimento que as inspira, no movimento que as produz.

Os romanos tinham percebido isso. Coroavam aquele que tinha obtido uma vitória, entrado em primeiro lugar numa cidade ou salvado um cidadão. Era a ação e não o homem que recompensavam, e essas honras não podiam produzir rivalidades odiosas, nem levar à aquisição do hábito da hipocrisia, nem conduzir à distribuição pelo favor ou pela corrupção.

Entre os meios de instrução, pode-se contar ainda a influência de um gosto aperfeiçoado sobre a moral dos povos. As nações que nas artes e nas letras têm um gosto nobre e puro, têm também, nos costumes e em suas virtudes, mais doçura e maior elevação. É possível que ora os costumes aperfeiçoem ou depravem o gosto, ora o gosto os purifique ou os corrompa. Porém, pouco importa que qualquer um deles aja sobre o outro primeiro, já que logo essa ação se torna recíproca e esses hábitos do espírito ou da alma acabem necessariamente por ficar em uníssono.

Falarei das artes, quando se tratar da instrução relativa às diversas profissões.

Limitar-me-ei aqui a dizer que o exemplo dos monumentos que dependem do poder público basta para formar o gosto geral e superar as esquisitices das fantasias particulares. Esses monumentos, que são verdadeiramente as únicas produções das artes que existem habitualmente sob os olhos do povo, mantêm o gosto e a emulação dos artistas. Quanto ao gosto pelas letras, ele se formará ou se conservará no povo se for puro; se for sadio, nas obras compostas por ordem do poder público.

Os efeitos de um novo sistema de instrução só podem ser graduais.

Nós nos enganaríamos se acreditássemos poder recolher, desde os primeiros anos, os frutos da instrução, mesmo a mais bem combinada, ou se acreditássemos poder levá-la, desde o início, a toda a perfeição de que ela é capaz. Deve-se ao mesmo tempo formar pais dignos de serem professores, mães capazes de vigiar e acompanhar a educação, mestres próprios a uma

Cinco memórias sobre a instrução pública

nova forma de ensino, livros que devem ser dirigidos para um fim comum, bibliotecas, museus de História Natural, jardins botânicos distribuídos em todos os centros de instrução, e tudo isso só pode ser obra do tempo, de uma atenção contínua. É até mesmo possível que os fundos necessários a essa despesa pública somente possam ser obtidos ou constituídos sucessivamente. Mas, nos primeiros tempos, as crianças aprenderão ao menos o que é importante saber. Os homens, embora pouco dispostos a receber instrução, adquirirão contudo algumas luzes, livrando-se de alguns preconceitos. Os livros dos mosteiros podem servir, diretamente ou por meio de trocas, para formar as novas bibliotecas. Os museus de História Natural, que têm como principal objetivo reunir as produções do país, podem, em pouco tempo e sem muita despesa, adquirir uma consistência suficiente.

Para as despesas necessárias à instrução podem-se acrescentar, aos fundos nacionais, subscrições particulares.

Aos fundos atualmente consagrados à educação, pode-se acrescentar a esperança de subscrições que podem ser oferecidas pelo zelo. Sem se afastar dos princípios que se opõem à eternidade das fundações particulares, é possível dar aos subscritores a satisfação de dirigir e determinar até certo ponto o emprego do que podem oferecer. Essa liberdade seria então até mesmo um meio de corrigir os erros nos quais os agentes do poder público poderiam cair. Por exemplo, recebendo os livros quaisquer que fossem, assim como os objetos destinados a serem colocados nos museus de História Natural, poder-se-iam remediar os preconceitos ou os sistemas desses

Condorcet

agentes. O poder público, nesse caso, não é senão o órgão da razão comum; deve ter todo o poder contra a opinião incerta, dividida, oscilante; porém, é preciso que a opinião geral possa agir independentemente dele, e os meios que propomos, que são frágeis enquanto essa opinião não existir, acabarão sendo suficientes, uma vez que ela se manifestar. Suponhamos, por exemplo, que bibliotecas semelhantes tivessem existido há dez anos, e que os livros dados por cidadãos não tivessem sido jogados fora. O governo teria enviado para elas os discursos sobre a história da França, as obras de Bergier, os *Serões do castelo*.* Contudo, os zeladores da verdade teriam colocado nelas as obras de Rousseau e Voltaire, e o poder público não poderia retardar o progresso da razão.

Sem prejudicar a uniformidade, a igualdade de instrução, pode-se até mesmo permitir o estabelecimento de ensinos particulares ou de alguns lugares a mais, destinados à educação gratuita. Essa liberdade só traria vantagens, se a duração das subscrições fosse determinada restringindo-se, por exemplo, segundo sua natureza, à duração da vida do doador ou a um espaço de tempo determinado, e se, depois desse tempo, tudo fosse colocado à disposição livre do poder público. Poder-se-ia igualmente, e nas mesmas condições, receber, em lugar de somas em dinheiro, bens de qualquer espécie, mas sempre fixando o termo além do qual a nação poderia livremente mudar a sua forma. Por meio de tais limitações, não afastaríamos nenhuma doação benevolente ou da razão; apenas se diminui-

---

* *Les veillées du chateau, ou Cours de morale a l'usage des enfants* (Os serões do castelo ou Curso de moral para o uso das crianças), da Condessa de Genlis. Coleção de histórias morais para crianças, publicada em 1784. (N.E.)

Cinco memórias sobre a instrução pública

riam as da vaidade. Entretanto, não seria precisamente ir contra o fim de toda instrução, que é o aperfeiçoamento da espécie humana, favorecer um dos defeitos que mais a degradam? Não seria indigno da majestade do povo empregar, para a utilidade pública, os meios que os monges usavam nos conventos para a educação que eles davam; aproveitar-se, como eles, dos preconceitos ou das paixões, prometer ao orgulho uma glória imortal para a doação de algumas medidas de terra, como outrora eles prometiam, pelo mesmo preço, um lugar no céu?

Progressos dos benefícios de uma nova instrução.

Se os primeiros efeitos de uma nova instrução são de início pouco perceptíveis, veremos que pouco a pouco eles aumentam e se desenvolvem. Os jovens, e depois deles as crianças formadas nos primeiros tempos, saberão melhor cuidar da educação de sua família e oferecerão alguns mestres, cujo espírito estará mais de acordo com o da instituição. Numa segunda geração, ela se aperfeiçoará ainda mais. Enfim, numa terceira geração, a revolução poderá completar-se. Entretanto, nesse intervalo, já se terá usufruído dos benefícios que são tanto maiores quanto mais cedo se tiver começado. E como as gerações neste caso passam rápido, podendo-se avaliá-las em doze anos, duração da educação mais longa, vê-se que a posteridade para a qual se trabalhou não está tão distante de nós para que a Filosofia não se ocupe dela.

Que me seja permitido apresentar àqueles que se recusam a crer nesse aperfeiçoamento sucessivo da espécie humana um exemplo tomado das ciências em que o avanço da verdade é mais seguro e pode ser medido com precisão. Essas verdades elementares da Geometria e da Astronomia que tinham sido, na Índia e no Egito, uma doutrina oculta, sobre a qual padres ambiciosos haviam fundado seu império eram, na Grécia, no tempo de Arquimedes e de Hiparco, conhecimentos vulgares ensinados em escolas comuns. No último século, bastavam alguns anos de estudo para saber tudo o que Arquimedes e Hiparco tinham podido conhecer. Hoje, dois anos de ensino de um professor vão além daquilo que Leibniz e Newton sabiam. Que se pense, por exemplo, que se possa apreender cada elo da corrente que vai de um sacerdote de Menfis até Euler e a distância enorme que os separa; que se observe em cada época o gênio que supera o século presente e a mediocridade, atingindo o que se havia descoberto no século anterior; ver-se-á que a natureza nos deu meios de poupar o tempo e de utilizar melhor a atenção, e que não existe nenhuma razão para crer que esses meios vão ter um termo. Ver-se-á que, no momento em que uma multidão de soluções particulares de fatos isolados começa a esgotar a atenção, a cansar a memória, essas teorias dispersas vêm integrar-se num método geral, os fatos se reúnem num fato único e essas generalizações, essas reuniões repetidas, bem como as multiplicações sucessivas de um número por si mesmo, não têm outro limite a não ser um infinito impossível de atingir.

A união da Filosofia à Política será um dos primeiros benefícios da reforma da instrução.

No entanto, uma das principais utilidades de uma nova forma de instrução, uma das que podem se fazer sentir mais cedo, é a de levar a Filosofia para a Política, ou melhor, de confundi-las.

Cinco memórias sobre a instrução pública

Não existem, com efeito, a não ser duas espécies de Política: a dos filósofos, que se apóia no direito natural e na razão, e a dos intrigantes, fundada em seus interesses e que, para arregimentar os tolos, a colorem com princípios de conveniência e pretextos de utilidade.

Se nos países devorados pelo flagelo da desigualdade, um grande, situado por nascimento nos degraus do trono, um ministro, alimentado no turbilhão dos grandes negócios, um homem, adornado desde a infância com um posto hereditário ou venal, acreditam que são senhores dos outros homens e consideram com desprezo um filósofo que pretende regrar, por meio de raciocínios vãos, o mundo oprimido ou espoliado por aqueles, sua loucura merece tão-somente desdém e piedade. É o efeito involuntário e incurável de sua educação, e não devemos nos espantar mais com isso do que com um siamês que adora Samonocodom.* No entanto, que se ouse repetir essa linguagem num país livre; que homens que, pela proteção de alguns funcionários subalternos, cheguem a postos de segunda ordem; que outros devam a seus livros toda a sua reputação; que compiladores de dicionários e gazetas; que jovens, ao sair das escolas, sejam levados pelo acaso a um emprego importante, permitindo-se imitar essa linguagem orgulhosa, então temos o direito de nos indignar com uma opinião que não é sincera.

A idéia de submeter a Política à Filosofia ainda tem outros adversários. Estes crêem que o simples bom senso basta para tudo, desde que se una a um grande zelo. Alguns acrescentam

---

* Buda, deus supremo dos habitantes do antigo Sião (Tailândia), citado por Voltaire em seu *Dicionário filosófico* (N.E.).

somente o auxílio de uma iluminação interior que complementa as luzes adquiridas e com a qual se pode dispensar a razão.

Qual é o motivo secreto dos que professam essas opiniões? Em primeiro lugar, é o desejo de afastar-se dos homens que podem apreciá-los, a fim de ter mais facilidade para enganar o resto; é o medo de que a Filosofia lance sobre sua conduta uma luz certeira e terrível, que ela manifeste ao mesmo tempo a nulidade de suas idéias e a profundeza de seus projetos.

Em seguida, é o ódio aos princípios que, fundados na razão, na justiça, opõem a todas as conspirações do orgulho ou da avidez uma inflexibilidade desesperadora. É enfim a inveja que tem medo de ser obrigada a reconhecer a superioridade das luzes e a ceder a elas. Odeiam-se nos outros os talentos que não se conseguem alcançar, a glória que recompensa o bem que eles fazem e o obstáculo que opõem ao mal que gostaríamos de fazer,

Quereis escapar das armadilhas desses impostores? Quereis que os cargos se tornem o prêmio para as luzes, que princípios seguros dirijam as operações importantes? Fazei que, na instrução pública, aberta a todos os cidadãos, a Filosofia presida o ensino da Política, que esta seja um sistema no qual as máximas do direito natural tenham determinado todas as bases.

Em decorrência, os cidadãos saberão escapar das astúcias dos ambiciosos e, ao mesmo tempo, sentir a necessidade de confiar seus interesses a homens esclarecidos. Uma falsa instrução produz a presunção; uma instrução racional ensina a desconfiar de seus próprios conhecimentos. O homem pouco instruído, mas bem instruído, sabe reconhecer a superioridade de outrem sobre ele e concordar com isso sem dificuldade.

Cinco memórias sobre a instrução pública

Nesse sentido, uma educação que acostume a sentir o preço da verdade, a estimar aqueles que a descobrem ou que sabem empregá-la é o único meio de assegurar a felicidade e a liberdade de um povo. Desse modo, o povo poderá conduzir a si mesmo ou escolher bons guias, julgar segundo a razão ou valorizar aqueles que deve chamar em auxílio de sua ignorância.

Quarta memória:
Sobre a instrução relativa às profissões

Divisão das profissões em duas classes.

Toda profissão deve ser útil àqueles que a exercem, assim como é útil aos que a empregam.

Entretanto, elas formam duas classes bem distintas. Umas têm como objetivo principal satisfazer as necessidades, aumentar o bem-estar, multiplicar os prazeres dos homens isolados; elas servem tão-somente àqueles que querem tirar proveito de seus trabalhos.

Em geral, os homens que exercem essas profissões dedicam-se exclusivamente a elas para assegurar uma subsistência mais ou menos extensa. Não servem à sociedade inteira. Trocam com outros indivíduos o seu trabalho por dinheiro ou por um outro trabalho.

Há outras profissões, ao contrário, cuja utilidade comum parece ser o primeiro objetivo. É à sociedade de forma global que aqueles que as adotam consagram seu tempo e seu trabalho, e elas são de algum modo funções públicas.

Devem-se colocar na primeira classe todos os ofícios, todas as profissões mecânicas e mesmo as artes liberais, quando são exercidas como profissões.

A pintura e a escultura são artes para um homem que sabe exprimir as paixões e os caracteres, comover a alma ou enternecê-la, realizar, enfim, esse belo ideal cujo segredo é revelado pela observação da natureza e dos grandes modelos. Mas um pintor ou um escultor, o qual decora os apartamentos com ornamentos ou figuras que copia, não exerce realmente a não ser um ofício: um cria novos prazeres para homens esclarecidos e sensíveis, o outro serve o gosto ou a vaidade dos homens ricos.

Os motivos para criar estabelecimentos públicos de instrução destinados às diversas profissões não são os mesmos para essas duas classes. Para as profissões que podem ser vistas como públicas, deve-se considerar sobretudo o benefício de confiar seu exercício a homens mais esclarecidos. Deve-se procurar aperfeiçoar as outras em vista de aumentar, para a totalidade dos indivíduos, os prazeres, o bem-estar que os trabalhos dessas profissões proporcionam, e estender mesmo à classe dos pobres uma parte desse bem-estar. Num país em que as artes florescem, o pobre mora melhor, calça-se melhor, veste-se melhor do que naqueles em que elas ainda estão no início. Esse aumento dos prazeres é um bem verdadeiro? Não é esse aumento mais do que compensado pela existência de novas necessidades, efeito necessário do hábito do bem-estar? Trata-se de uma questão filosófica que não procurarei resolver, porém é certo pelo menos que o crescimento sucessivo dos prazeres é um bem, tanto quanto esse aumento puder se manter e substituir por novas vantagens aquelas cujo sentimento foi amortecido pelo tempo. Conheço um país em que, há quarenta anos,

Cinco memórias sobre a instrução pública

as casas dos pobres não tinham janelas e só recebiam a luz do dia pela metade da porta, que eram obrigados a manter aberta. Vi o uso de janelas tornar-se geral nesse país. Essa mudança será talvez indiferente para a felicidade da geração seguinte: todavia, foi um verdadeiro bem para aqueles que primeiro se beneficiaram dela. Ora, é precisamente esse aumento sempre progressivo de prazeres para os pobres que se deve esperar do progresso geral das artes mecânicas, resultado necessário de uma instrução bem combinada.

Ela terá, além disso, a vantagem de estabelecer maior igualdade entre os homens que praticam as artes; aproximará as crianças do artesão pobre daquelas do trabalhador mais rico, que pode dedicar às vezes algum recurso para aperfeiçoá-las em sua profissão. E, sob esse ponto de vista, é um dos melhores meios para diminuir num país a existência dessa classe de homens que a infelicidade entrega à corrupção, aos quais a justiça obriga que conservem direitos que eles são poucos dignos de conservar, e que constituem um tão grande obstáculo ao aperfeiçoamento das instituições sociais.

A instrução pública não deve ser a mesma para as duas classes de profissões.

Existe uma outra diferença entre essas duas classes, que exige uma diferença de instrução. Umas são necessariamente exercidas por uma grande massa de cidadãos, e não se pode destinar-lhes uma instrução que ocupe uma parte considerável de sua vida. Na infância, ela deve ser uma parte de seu aprendizado e, para os adultos, um estudo ao qual se dedicam em vista do proveito que tirarão dele, mas sem poder dar a não ser o tempo em que não estão ocupados com seu ofício. As outras profissões, ao contrário, são exercidas apenas por um pequeno número de cidadãos; uma instrução extensa é sua primeira base, uma condição que a sociedade ou aqueles que os empregam têm o direito de exigir deles, antes de encarregá-los dos serviços públicos aos quais são chamados.

Natureza da instrução pública para as profissões mecânicas.

A instrução que o poder público deve preparar para as profissões mecânicas não consistirá em abrir as escolas em que se as ensina; não se trata de aprender a fazer meias de seda ou tecidos, de trabalhar com ferro ou madeira, mas somente de oferecer aqueles conhecimentos, úteis a essas profissões, que não podem fazer parte do aprendizado.

Podem-se classificar esses conhecimentos seja segundo sua natureza, seja relativamente às artes para as quais eles podem ser necessários. Do primeiro ponto de vista, teremos o desenho, que é indispensável e empregado em todas as artes do luxo, nas quais se associa a decoração à utilidade, e em todas as profissões em que se fabricam instrumentos empregados pelas outras artes. Vêm em seguida os conhecimentos de Química, úteis àqueles que preparam ou empregam os metais, os couros e os vidros, que imprimem cores ou aplicam tinturas. Os princípios da Mecânica, os conhecimentos comuns de Física, os elementos da Aritmética comercial, os da medida, da avaliação dos sólidos, enfim, algumas partes da Geometria elementar que não estão compreendidas na instrução comum, tais como a teoria do corte das pedras, a perspectiva, devem entrar nessa mesma instrução.

Cinco memórias sobre a instrução pública

Todos esses conhecimentos não são necessários a cada profissão, ou não o são no mesmo grau. A instrução útil a um fabricante de tecidos não se parece à de um chaveiro; a instrução de um carpinteiro deve ser diferente da de um tintureiro. É verdade que se poderiam formar diferentes classes dessas profissões, das quais cada uma reuniria aquelas que tivessem mais analogia, e haveria assim uma instrução particular; contudo, como a maior parte delas exige conhecimentos de natureza diferente, e que seriam, no entanto, as mesmas para essas diversas classes, não se poderia seguir esse sistema de instrução sem torná-lo muito dispendioso, pela multiplicidade dos mestres, ou sem restringir o número de estabelecimentos de maneira a perder o maior benefício, o de difundir as luzes com igualdade. Aliás, seria inconveniente separar em diferentes cidades a instrução para as diferentes classes, para diminuir as despesas. O interesse da sociedade é que as artes se difundam em toda parte apenas segundo a necessidade, e que as profissões se reúnam e se separem livremente.

Entretanto, deve-se combinar o ensino de modo que aqueles que se destinam a uma profissão possam aprender somente o que lhes é necessário. Ocupados com seus trabalhos, eles recusariam uma instrução que não lhes oferecesse a idéia de uma utilidade imediata e direta. Deve-se, pois, fazer que o ensino de cada mestre seja dividido de maneira que as diversas partes do curso correspondam às necessidades mais ou menos grandes que cada profissão pode ter. Bastariam, em cada centro de distrito, dois mestres, um encarregado de dar os conhecimentos de desenho, o outro da parte científica das artes. Nos centros dos departamentos, elevar-se-ia a quatro o número de mestres, dividindo entre três deles os elementos das ciências. Seria talvez mais conveniente reservar esses estabelecimentos para as cidades grandes e não seguir aqui a ordem da divisão política. Com efeito, esse ensino é destinado principalmente aos jovens aprendizes; é no lugar em que eles se reúnem que a instrução deve ser colocada, e, conseqüentemente, pode ser útil dispor os diversos graus segundo essa concentração determinada pelas conveniências comerciais. Evitar-se-á, no ensino, cansar os alunos, fixando-os por tempo excessivo em idéias abstratas, evitando-se igualmente degradar sua razão, fazendo-os adotar, a partir do que ouvem, princípios que não compreendem, regras cujos motivos não lhes são explicados. Livros feitos expressamente para eles, com explicações separadas próprias para orientar os mestres, são aqui de uma necessidade absoluta, e seria necessária uma grande retidão de espírito, conhecimentos extensos, um espírito bem filosófico, para saber guardar um justo meio e conciliar a pouca aplicação que se pode exigir dos alunos, com o respeito que se deve ter por sua razão.

Essa mesma instrução será combinada de modo que tire do trabalho o menor tempo possível. Como, ao formar as divisões principais desse ensino, só encontraríamos em geral duas ou três partes que seriam necessárias a uma mesma profissão, duas ou três aulas por semana devem bastar para cada curso. O domingo seria reservado para a instrução que convém aos trabalhadores já formados ou aos mestres. Uma recapitulação dos conhecimentos que obtiveram seria, nesse momento, associada ao ensino de novos procedimentos, de novas perspectivas que lhes seriam úteis

Vantagens da instrução destinada às artes mecânicas.

Por esse meio, difundindo mais luzes sobre a prática das artes, haverá operários mais hábeis e em maior número. Dessa

Cinco memórias sobre a instrução pública

forma, os produtos das artes que correspondem a um mesmo espaço de tempo e de atenção, para a mesma quantidade de matéria-prima, terão um valor real maior e, por conseqüência, a verdadeira riqueza aumentará. Essas produções adquirirão uma duração maior, de onde resulta um consumo menor, seja de matérias que empregam, seja daquelas matérias absorvidas pelas necessidades dos trabalhadores. Portanto, a mesma massa de trabalhos e de novas produções poderá corresponder a uma maior quantidade de usos, de necessidades satisfeitas ou de prazeres. Os homens que tiverem recebido essa instrução terão muitos benefícios. Inicialmente, os que têm menos habilidade, menos inteligência natural, não serão mais condenados a uma inferioridade tão grande em si mesma, tão funesta nos efeitos. Poderão, por sua aplicação, atingir pelo menos um grau mediano que tornará seu trabalho suficiente para suas necessidades. Enfim, os que o acaso destinou a essas profissões mecânicas, mas a quem a natureza deu talentos reais, não ficarão perdidos para a sociedade nem para si mesmos. Se essa instrução não lhes basta para elevar-se ao ponto que, num outro destino, poderiam esperar atingir, pelo menos ela lhes abrirá uma carreira útil e gloriosa. Aquele que tinha o germe do talento para a Mecânica se distinguirá por invenções na arte; aquele que tiver sido chamado para a Química, se não fizer descobertas nessa ciência, pelo menos aperfeiçoará as artes que dependem dela; seu gênio não será absolutamente degradado. Ele poderá dirigir-se ainda para um dos empregos que entram no sistema geral do aperfeiçoamento do espírito humano. Se mesmo as disposições naturais de alguns os chamam para conhecimentos puramente especulativos, essa instrução bastará para lhes abrir essa carreira, para constatar es-

Condorcet

sas disposições e lhes facilitar, assim, os meios de cumprir seu destino.

Aqueles que nasceram com grande atividade de espírito encontrarão, nesses estudos, objetos sobre os quais poderão exercê-la, princípios próprios para orientá-la em direção a um fim real. Não ficarão mais expostos a procurar com freqüência o que já foi encontrado, mais normalmente do que pode sê-lo. Aprenderão a conhecer suas forças, a não tentar o que está acima delas. Essa classe numerosa de homens úteis não oferecerá mais o espetáculo aflitivo de pessoas de verdadeiro talento, de grande coragem, de uma atividade infatigável, infelizmente por causa dessas mesmas qualidades, arrastadas apesar delas mesmas em tentativas vãs ou mal dirigidas, não podendo, no meio da miséria que ameaça sua família, resistir à sua imaginação nem às suas esperanças, atormentadas, enfim, pela desordem de seus negócios, tanto por não poder seguir sua carreira, como por seus remorsos ou suas idéias. Os homens que, por condição ou por gosto, seguem o avanço das artes, são os únicos que sabem o quanto esses exemplos são freqüentes; sabem quanto tempo e capital são perdidos mesmo por aqueles que escapam a essa infelicidade; e que fontes de prosperidade poderiam abrir esses mesmos talentos, esses mesmos capitais empregados de uma maneira útil!

Enfim, a instrução dos operários reunidos em cidades tem uma utilidade política muito pouco percebida. Os trabalhos das artes são em geral tanto menos variados para cada homem em particular quanto mais se aperfeiçoam. Seus progressos tendem a circunscrever as idéias do simples operário num círculo estreito. A continuidade de suas ocupações monótonas deixa menos liberdade ao seu pensamento e apresenta menos

Cinco memórias sobre a instrução pública

objetos à sua reflexão. Ao mesmo tempo, o operário das cidades é exposto a mais seduções, porque é junto a ele que se reúnem e se agitam os que têm necessidade de enganar os homens e cujos projetos culpáveis exigem instrumentos cegos dos quais possam fazer alternadamente apoios ou vítimas. Os interesses dessa classe de cidadãos estão menos evidentemente de acordo com o interesse geral do que os do habitante do campo. As combinações necessárias para perceber a ligação, a identidade desses interesses, são mais complicadas e formam-se idéias mais sutis. Enfim, como estão mais perto uns dos outros, seus erros são mais contagiosos, seus movimentos se comunicam mais rapidamente e, agitando massas maiores, podem apresentar perigos mais reais. A liberdade sempre foi mais difícil de ser estabelecida nas cidades que encerram um grande número de operários. Foi necessário atingir a sua liberdade, submetendo-os a regulamentos severos, ou sacrificar a seus preconceitos, a seus interesses, a liberdade do resto dos cidadãos. Freqüentemente, mesmo a reunião desses dois meios contrários não pôde manter a paz que devia ser o preço desses sacrifícios. A instrução não seria um segredo mais doce e mais seguro? O homem que passa de um trabalho corporal a uma desocupação absoluta é bem mais fácil de enganar, de comover, de corromper; os erros, os medos quiméricos, as absurdas desconfianças entram mais facilmente numa cabeça desprovida de idéias. Conhecimentos adquiridos nas escolas públicas, elevando os operários aos seus próprios olhos, exercendo sua razão, ocupando seu lazer, servirão para lhes dar costumes mais puros, um espírito mais justo, um juízo mais sadio. Se restar numa nação uma classe de homens condenados à humilhação pela pobreza ou pela ignorância, quando não o são pela lei; se eles não podem exercer senão por acaso, e sob o jugo de uma influência alheia, os direitos que a lei lhes reconheceu; se uma igualdade real não se associa à igualdade política, então o fim da sociedade não será mais cumprido.

O homem livre, que se conduz por si mesmo, tem mais necessidade de luzes do que o escravo que se entrega à conduta de outro; aquele que escolhe seus guias, mais do que aquele a quem o acaso fornece guias. Esgotai todas as combinações possíveis para assegurar a liberdade. Se elas não encerram um meio de esclarecer a massa dos cidadãos, todos os vossos esforços serão inúteis. O instante dessa passagem é o único que oferece dificuldades reais. Os homens de gênio, que preferem esclarecer seus semelhantes a governá-los, que não querem comandar senão em nome da verdade, que percebem que, quanto mais os homens forem instruídos, mais poder terão sobre eles, que não temem ter superiores e apreciam ser julgados por seus iguais, esses homens não podem ser senão muito raros, e aqueles que a elevação da alma, a pureza de seus pontos de vista, a extensão de seu espírito colocam ao lado dos primeiros são também em pequeno número. O que querem todos os outros? Manter a ignorância do povo para dominá-lo, ora em nome de preconceitos antigos, ora apelando em seu auxílio para erros novos. Porém, aqui não é o lugar de desmascarar essa hipocrisia culpada, essas astúcias de Pisístrato e de Denis, que conduzem o povo à escravidão, ora despertando as paixões, ora lhe inspirando medos quiméricos, sublevando-o hoje contra as leis, dispersando-o amanhã em nome das mesmas leis, à frente de seus satélites, implorando sua piedade contra seus inimigos e empregando logo contra ele as forças que lhes foram confiadas.

Cinco memórias sobre a instrução pública

É difundindo as luzes entre o povo que se pode impedir seus movimentos de se tornarem perigosos. E até o momento em que ele pode ser esclarecido, é um dever para aqueles que receberam uma razão forte, uma alma corajosa, defender o povo da ilusão, mostrar-lhe as armadilhas com as quais se envolve em geral sua simplicidade crédula. Por essa razão, é contra esses mesmos homens que os tiranos reúnem todas as suas forças. É contra eles que procuram sublevar o povo, a fim de que de suas mãos perdidas ele destrua seus apoios. É contra eles que desencadeiam a tropa venal de seus espiões, de seus bajuladores. E o ódio contra a Filosofia e as declamações contra seus perigos e sua inutilidade foram sempre um dos caracteres mais certos da tirania.

Meios de instrução para os adultos.

Os museus de História Natural e as oficinas de máquinas destinadas à instrução comum encerrarão igualmente amostras de matérias-primas ou preparações cujo conhecimento pode ser útil às artes, além dos modelos das máquinas, dos instrumentos, dos ofícios empregados. Ao benefício da instrução, esses museus acrescentarão o de livrar do charlatanismo dos pretensos descobridores de segredos, das intrigas de seus protetores, das despesas inúteis em que engajariam uma nação que quisesse recompensá-los, dos entraves que colocariam para a indústria daquela nação cuja ignorância lhes daria privilégios. Nesse sentido, só seriam recompensados os verdadeiros inventores, e seu número seria bem pequeno. Esses depósitos também protegeriam contra astúcias muito comuns no comércio, visto que neles se aprenderia muito facilmente a reconhecer as matérias-primas em seu estado puro, as preparações mais ou menos perfeitas dessas matérias, a natureza dos diferentes tecidos etc. Um professor mostraria esses museus nos dias consagrados ao repouso, responderia às questões, resolveria as dificuldades. Os objetos seriam organizados de acordo com uma ordem científica, mas seguindo a divisão comum dos ofícios, a fim de que cada um encontre facilmente aqueles que possam interessá-lo mais. Percebe-se que não seria preciso muito esforço para encorajar um operário que compra vinte vezes por ano a mesma preparação a vir assegurar-se com seus próprios olhos dos meios de reconhecer se ela é boa, de não ser enganado nem sobre a qualidade nem sobre o preço. Limitando-se às coisas úteis, não se deve temer nem a despesa, nem a grande extensão desses depósitos. E se por acaso houvesse engano, negligenciando os objetos verdadeiramente úteis, como os museus seriam estabelecidos na capital ou em cidades muito grandes, deveriam conter mesmo o que parecesse não poder ser nada senão pura curiosidade, e os erros que fossem cometidos nesse gênero teriam apenas fracos inconvenientes. Modelos de ofícios ou de instrumentos são muito caros, sem dúvida, quando nos restringimos a construir um só. Mas como aqui se deve multiplicá-los, o preço de cada um diminuiria conforme o seu número e, formando um estabelecimento geral onde fossem fabricados, seriam encontrados novos meios de economizar.

Das profissões que podem ser consideradas públicas.

Entre as profissões que são destinadas ao serviço público e para as quais não é necessário que todos os homens sejam

Cinco memórias sobre a instrução pública

preparados pela instrução comum estão, em primeiro lugar, a ciência militar e a arte de curar.

Algumas partes da administração exigem conhecimentos particulares, seja de Política, seja de Cálculo. Contudo, é fácil adquiri-los com a ajuda daqueles que se tiver obtido na instrução geral, e eles não são necessários a um grande número de indivíduos para merecer tornar-se objeto de um ensino separado. A essas duas primeiras profissões eu acrescentaria a arte das construções, que só é uma profissão privada quando exercida para as necessidades de indivíduos, porém que se torna uma profissão pública quando se ocupa de obras feitas em nome e às custas de todos, para a utilidade comum.

Instrução militar.

A instrução relativa à arte militar tem duas partes: uma, mais geral, abarca os conhecimentos necessários a todo oficial que pode ser encarregado de um comando e, conseqüentemente, é útil que ela se estenda a qualquer um que quiser abraçar a condição de soldado. Para o filho do homem a quem sua fortuna permite dar a seus descendentes uma educação contínua, ela precederia a entrada em serviço, e se seguiria após essa entrada para os outros. Essas instituições, permitindo a um número maior de famílias aspirarem a uma admissão imediata no grau de oficial, aproximando para os outros o momento de pretender alcançá-lo, conservariam uma distinção necessária ao progresso da arte militar e impediriam que essa distinção alterasse, de fato, a igualdade entre os cidadãos. Nas cidades de grandes tropas, uma instrução mais extensa seria aberta aos oficiais já formados. E, em todas as cidades, uma instrução comum, oferecida a todos os militares em dias determinados, serviria para lembrá-los do que puderam esquecer e para lhes dar conhecimentos novos que poderiam lhes ser necessários.

A artilharia e a arte das fortificações exigem estabelecimentos particulares, escolas destinadas aos conhecimentos próprios para essas profissões.

Quanto mais uma nação fiel à razão e à justiça rejeitar toda idéia de conquista, mais ela reconhece a inutilidade dessas guerras suscitadas por falsas visões do comércio, mais proscreve uma política turbulenta que sem cessar empreende a guerra, arrasta a nação que ela seduz a arruinar-se e a enfraquecer-se para impedir o engrandecimento de seus vizinhos, compromete sua segurança atual para assegurar a futura, mais ela deve encorajar o estudo teórico da arte militar e, especialmente, a arte da artilharia, a de fortificar as fortalezas e defendê-las. Um homem preparado por uma boa teoria adquire em um ano de exercício mais do que em dez anos uma prática rotineira poderia lhe dar. Mesmo que uma nação tivesse perdido o hábito da guerra, artilheiros hábeis e engenheiros esclarecidos bastariam para a segurança e dariam tempo a oficiais instruídos para o estudo para formar soldados e criar um exército.

Instrução para a marinha.

Da mesma forma, para a marinha, um primeiro grau de instrução ofereceria os conhecimentos necessários para aqueles cuja inclinação, falta de gosto para o trabalho ou pouca fortuna enviariam ao mar, ao sair da infância. Uma outra instrução seria acertada nos portos, para aperfeiçoar esses primeiros estudos. Ela se prestaria à irregularidade, à brevidade das esta-

Cinco memórias sobre a instrução pública

dias, de sorte que em todo lugar eles encontrassem a mesma instrução. Mas seria necessário reservar uma instrução mais profunda para aqueles que quisessem segui-la e a quem essa segunda instrução faria as vezes de alguns anos de mar. Nela se poderiam educar, às custas do público, os jovens que, nas primeiras escolas, tivessem mostrado mais talento.

Só a superioridade na teoria pode dar à marinha francesa a esperança de igualar-se à da Inglaterra. Há uma tão grande diferença na relação entre a extensão do litoral e a área do país e o número de homens, na relação entre os víveres transportados por mar e o consumo total, que a nação francesa não pode se tornar, como a inglesa, quase inteiramente navegadora. Se compararmos o comércio da França com o da Inglaterra, veremos que a primeira se restringe praticamente à exportação de víveres, à importação de víveres estrangeiros destinados ao seu consumo e, comparado ao comércio nacional, o das manufaturas tem uma fraca importância. Este é imenso na Inglaterra. Essa diferença deve diminuir, sem dúvida; a destruição sucessiva dessa riqueza precária deve acabar por enfraquecer a potência inglesa. E, quando existir entre as nações do globo uma igualdade maior na indústria e na atividade, acontecerá aquilo que se viu na Holanda e em Veneza, e o que experimentará toda nação que tiver colocado fora de seu seio a fonte de sua prosperidade e de sua força. O embaixador da Espanha, que respondeu aos venezianos, quando estes lhe exibiam os tesouros da República — *ma chi non è la radice* —, deu-lhes uma grande lição, da qual a própria Espanha teria podido aproveitar.

Virá, sem dúvida, um tempo no qual o poder militar não terá a mesma importância sobre o mar. As nações sentirão que as posses afastadas são mais prejudiciais do que úteis; que se

Condorcet

se renuncia ao proveito da opressão, não se tem necessidade de ser o senhor de um país para com ele comerciar, e que as vantagens da tirania são sempre por demais compradas pelo perigo que as acompanha, pelos males que são seu efeito necessário e sua punição inevitável. Os espíritos começam a se deixar penetrar pelas grandes idéias da justiça natural, e essas idéias são mais incompatíveis com a guerra marítima do que com a guerra por terra. Pode-se afastar esta segunda guerra do banditismo; mas ela se faz assim mesmo, com mais segurança e até com menos despesa. Todavia, se se respeita a propriedade nas guerras marítimas, se as sociedades renunciam ao costume vergonhoso de dar patentes a bandidos, de criar uma classe de ladrões aos quais, em virtude do direito dos povos, se oferece impunidade, então a guerra de mar não tem mais do que um único objetivo, raramente praticável: a invasão.

Entretanto, essas mudanças estão muito longe de nós para que o ensino de uma teoria apropriada da navegação possa ser negligenciado. Aliás, se um dia se torna menos útil como meio de defesa, será sempre útil como meio de prosperidade, um objeto importante para a conservação, para o aperfeiçoamento da espécie humana. A arte de navegar é uma daquelas que mais demostram o poder do espírito humano. Ela se apóia em teorias por demais profundas para que se possa abandoná-la à rotina. As questões mais espinhosas da análise matemática e da ciência do movimento, os pontos mais delicados e mais difíceis do sistema do mundo, as pesquisas mais refinadas da arte de observar e da mecânica prática, as observações mais extensas sobre a natureza dos alimentos, os efeitos do regime, as influências do clima são empregados para construir, movimentar e dirigir um navio, para conservar os homens que nele

Cinco memórias sobre a instrução pública

sobem, e seria difícil citar uma parte, mesmo pouco extensa, das artes mecânicas ou das ciências cujo conhecimento não fosse útil na construção, manutenção e governo de um navio.

Da instrução na arte de curar.

A arte de curar é uma das artes nas quais a instrução deve ser comum aos dois sexos. O uso constante de todas as nações parece mesmo ter reservado às mulheres algumas de suas funções. Em todo lugar elas exercem a arte de parteiras para o povo, ou seja, para a quase totalidade das famílias. Em todo lugar elas cuidam de doentes, e, o que é uma conseqüência disso, exercem a Medicina para pequenos males, fazendo cirurgias mais simples. Nos países em que os preconceitos da superstição e da inveja não lhes permitem cuidar de homens, as mesmas opiniões lhes concedem com exclusividade a profissão de fazer os partos e de cuidar das mulheres. Pretende-se que é melhor que aquele que cuida de doentes seja ignorante, porque desse modo ele se limita à execução maquinal das ordens do médico. Todavia, eu ainda não vi que a ignorância possa evitar a presunção. Essa política de manter na ignorância aquele que só deve executar, a fim de que seja um instrumento mais dócil, é comum a todos os tiranos, que não querem cooperadores, mas escravos, e desejam comandar em vez de dirigir a razão. Um enfermeiro que tiver recebido uma instrução razoável não acreditará que é mais hábil do que um outro que, só conhecendo a rotina, deve ter adquirido preconceitos; mais em condições de sentir a superioridade das luzes, saberá submeter-se a elas com menos repugnância. Acrescentemos que um enfermeiro ignorante não obterá por isso menos confiança da parte dos doentes; a confiança é obtida mais facilmente com os cuidados, a complacência, do que por meio das luzes. Eles acreditarão sempre que a pretensão de lhes proibir o direito de raciocinar está ligada mais ao orgulho do médico do que à saúde dos doentes, e não é certo que se enganem nisto.

Na verdade, quanto não seria útil à conservação e à saúde física da espécie humana se as parteiras fossem instruídas e, sobretudo, se estivessem livres de preconceitos vulgares, destas práticas que são transmitidas de geração em geração pela ignorância, pela superstição e pela tolice; se elas pudessem exercer pelo menos a medicina e a cirurgia nas doenças das crianças e das que são particulares às mulheres, ou sobre as quais a decência lhes ordena lançar um véu? Com isso, oferecer-se-iam às mulheres das famílias pobres recursos que faltam ao seu sexo, geralmente quase condenado a não poder se proporcionar uma subsistência independente; as crianças seriam mais conservadas, mais protegidas desses acidentes dos primeiros anos, que tornam contrafeitas ou malsãs aquelas que essas doenças deixam viver; por esse único meio, o povo poderia ser tratado em suas doenças. A doçura, a sensibilidade, a paciência das mulheres tornariam os recursos do povo pelo menos tão úteis como aqueles dos mais instruídos, cujo número nunca será suficientemente considerável para que uma grande parte dos habitantes do campo não seja deles privado.

Mesmo que eu considerasse a Medicina em seu estado atual mais perigosa do que útil, não deixaria de acreditar por isso que é necessário estabelecer uma instrução na arte de curar, pois não se pretenderia evidentemente que um médico que tivesse preconceitos, que agisse segundo falsas luzes, que cometesse faltas grosseiras por ignorância e que se perdesse me-

Cinco memórias sobre a instrução pública

nos por uma aplicação errônea da doutrina que recebeu, do que pelos erros dessa mesma doutrina; não se pretenderia que tal homem fosse menos perigoso do que aquele que recebeu uma instrução limitada, mas sadia, na qual se teria proporcionado a extensão dos conhecimentos às necessidades e à possibilidade de fazer desses conhecimentos um uso útil, na qual uma sábia filosofia teria ensinado a saber duvidar do que se ignora, a não agir quando se tem dúvida, que inspirasse a desconfiança de si mesmo, o respeito pelas luzes, uma exatidão severa a ser considerada como um dever rigoroso da modéstia de recorrer ao conhecimento de outros, quando se sente a insuficiência do seu. Pode-se crer que um médico que tenha recebido todos os conhecimentos que hoje podem ser tirados da História Natural, da Química, da Anatomia, das numerosas observações dos médicos de todos os séculos, das lições dadas por um homem hábil junto ao leito dos doentes, não seja melhor do que aquele que tiver sido educado no meio dos preconceitos e dos sistemas da escola, ou que não tenha tido outra aprendizagem junto dos doentes do que seus próprios erros? Se a Medicina ainda não é uma verdadeira ciência, nada impede de pensar que ela deva um dia chegar a isso. Combinemos a instrução, pois, de modo que torne os recursos dessa arte tão úteis quanto podem sê-lo em seu estado atual, e ao mesmo tempo de maneira que a aproxime da época de uma mudança, menos longínqua do que o crêem os homens que não seguem detalhadamente o progresso das ciências físicas e os da arte de observar. Estamos próximos de uma grande revolução na aplicação das ciências físicas e químicas às necessidades e à felicidade dos homens. Há alguns rochedos a ultrapassar e, depois, um imenso horizonte vai se abrir diante de

Condorcet

nossos olhos. Tudo anuncia uma dessas épocas nas quais o espírito humano, passando repentinamente da obscuridade de pesquisas penosas ao dia brilhante e puro oferecido por seus grandes resultados, faz brilharem em um dia os trabalhos de várias gerações.

Para realizar o primeiro objetivo da instrução pública dada aos que devem oferecer aos cidadãos em geral auxílio nas doenças comuns, e dos quais, por causa do grande número, não se podem exigir longos estudos, procurar-se-á mais destruir a falsa ciência, impedir qualquer atividade perigosa, do que ensinar os meios de agir, em geral incertos em seus efeitos, ou cuja aplicação seja por demais equívoca. Mas, para aqueles que se destinam a prestar socorro em circunstâncias extraordinárias, ou a quem tudo que é conhecido deve ser ensinado, a quem se deve, sobretudo, ensinar a julgar suas próprias luzes, será necessário prestar atenção em levar para o ensino da Medicina o método das ciências físicas, a precisão com a qual os fatos são observados, nessas ciências, a filosofia que dirige sua marcha e assegura seus progressos. Assim, teremos certeza de ter estabelecido uma instrução útil. Com efeito, não temos razão para crer que é preciso menos tempo para fazer da Medicina uma verdadeira ciência do que para levar os homens a renunciarem ao socorro dessa arte, mesmo perigosa; que haverá médicos esclarecidos e filósofos, antes que se tenham desmascarado os charlatães; enfim, métodos de curar, se não seguros, pelo menos prováveis, antes que os homens tenham chegado ao ponto de não se tornarem fracos e crédulos quando sofrem, a não ter mais necessidade, em suas dores, de serem acalentados pela esperança e distraídos de seus males pela ocupação de fazer o que crêem dever curá-los?

Cinco memórias sobre a instrução pública

Não separei aqui a medicina da cirurgia. Uma máxima vulgar quer que esta seja bem menos incerta. Sem dúvida, a cirurgia tem uma marcha segura, quando se quer falar do método de operar. E a marcha da medicina é igualmente segura, se falamos somente da composição dos remédios e de sua ação imediata. No entanto, se quisermos focalizar o sucesso e os resultados das operações, encontraremos a mesma incerteza que existe na medicina a respeito dos efeitos dos remédios internos.

Instrução para a arte das construções.

A arte das construções deve formar um ramo importante da instrução pública, porque é necessário à segurança, à prosperidade do povo que essa arte seja exercida por homens esclarecidos, porque, como uma grande parte dos que a cultivam deve ser empregada para o serviço comum por homens que os escolhem, não por si mesmos, porém por intermédio de outros, é um dever do poder público tornar essa escolha menos incerta, preparando, por meio de uma instrução dirigida em seu nome, os artistas sobre os quais ele deve fixar sua atenção. Bastaria um estabelecimento em cada departamento, e três profissões — uma para o desenho, outra para os conhecimentos teóricos e outra para aquelas que se relacionam mais imediatamente com a prática. Uma instrução mais completa seria criada na capital ou mesmo em algumas das grandes cidades.

Para o primeiro grau de instrução, seria preciso que uma vez por semana os professores dessem uma aula para os que já deixaram se ser alunos, os quais, já empregados ou prontos para o serem, têm necessidade apenas de serem postos a par dos métodos e observações novas que contribuem para a perfeição da arte.

Condorcet

Na capital, essa instrução para adultos poderia ser feita num estabelecimento mais amplo.

Percebe-se bem que não se trata de formar uma corporação de construtores: nada prejudicaria mais o progresso dessa arte tão vasta, tão importante; nada contribuiria mais para perpetuar as rotinas ou conservar princípios errôneos. Se é preciso uma instrução pública para essa arte, é precisamente a fim de que não haja mais "redutos", a fim de destruir para sempre o espírito corporativo.

Essa instrução não somente terá a vantagem de oferecer aos cidadãos artistas hábeis para a construção de edifícios necessários à economia rural, edifícios nos quais a salubridade, a segurança, a conservação dos produtos são em quase todo lugar tão barbaramente negligenciadas; para a exploração dos trabalhos das minas, para as usinas, os prédios das manufaturas, os canais de irrigação, os condutores de água, as máquinas hidráulicas; mas apresentará também aos administradores homens esclarecidos, estranhos a qualquer corporação, que eles poderão encarregar de serviços públicos, estradas, pontes, canais de navegação, irrigações de grande porte, aquedutos etc. Qualquer um que tivesse obtido dos professores um certificado de estudos e de capacidade, sob a forma que seria determinada, poderia ser livremente empregado pelas administrações.

Das artes do desenho.

Escolas na capital e nas grandes cidades bastariam, visto que o desenho já entra na educação comum e na educação geral para as profissões mecânicas. Os preconceitos góticos haviam aviltado essas nobres ocupações. Parecia que uma mão

Cinco memórias sobre a instrução pública

humana era, de certa maneira, desonrada, quando empregada para uma outra coisa que não fosse assinar ordens ou matar homens.

Em outros séculos, talvez o entusiasmo por essas artes pudesse exagerar sua importância, enquanto uma austera filosofia queria proscrevê-las como fontes de corrupção. Tudo o que tende a dar idéia do grande e do belo por meio dos sentidos; tudo o que pode elevar os pensamentos, enobrecer os sentimentos, amenizar os costumes; tudo o que oferece ocupações pacíficas e prazeres, sem desviar dos deveres e sem diminuir a capacidade nem o ardor em cumpri-los, merece entrar numa instrução nacional. Depende do poder público afastar dessa arte a corrupção, já que é ele que ordena a construção dos monumentos destinados aos olhos do povo, já que é dele que os artistas recebem seus maiores encorajamentos. Que homem nascido com o gênio da pintura a prostituirá com quadros venais, se souber que esse abuso de seu talento lhe roubará a honra de imortalizar seu pincel, traçando as ações que o reconhecimento público consagrou à posteridade? Aliás, o que fere realmente a decência nunca teve nada em comum com os grandes talentos, nem sobretudo com a perfeição das artes. Nos tempos de barbárie, pinturas desse gênero ornavam até os livros de orações de nossos devotos ancestrais, e as obras que o gênio algumas vezes consagrou à volúpia são menos perigosas do que essas pinturas grosseiras.

Enfim, seria fácil provar que o hábito de ver belas estátuas, como imagens das belezas que a natureza criou, é antes de tudo um obstáculo ao desregramento da imaginação. É escondendo sob os véus do mistério os objetos com os quais se quer chocá-la, e não familiarizando-a com eles, que se chega a inflamá-la. Uma religião sem mistério não faz fanáticos, e aquele que conhecer a beleza lhe prestará o culto que é digno dela. O conhecimento dessas artes traz consigo a beleza das formas exteriores, a da expressão dos sentimentos e das paixões, a das relações entre os movimentos e os hábitos da alma, as qualidades do espírito e do caráter e os movimentos do rosto, sua fisionomia, a contenção, a conformação dos traços. Essas artes são, portanto, um dos anéis da cadeia de nossos conhecimentos e devem ser contadas entre os meios de aperfeiçoar a espécie humana.

Aqueles que quiseram proscrevê-las como meios de corrupção tinham esquecido que toda sociedade tranqüila tende à doçura dos costumes, é levada aos prazeres que as artes podem proporcionar e que assim, ao querer que os homens, para permanecer livres, renunciassem a essas doces ocupações, precisariam começar por acorrentá-los sob leis contrárias à liberdade e torná-los escravos, para que não precisassem temer que um dia viessem eles a sê-lo? Não resta, pois, a um legislador justo e sábio senão dirigir aquilo que a ordem da natureza tornou necessário, tornar útil o que não pode ser impedido sem injustiça.

Música.

A essas artes deve-se acrescentar a música. Quando os sons se sucedem por intervalos medidos, quando aqueles que se seguem ou que são ouvidos ao mesmo tempo, sem se confundir, correspondem no corpo sonoro a um sistema de movimentos simples e regulares, despertam naturalmente sobre o órgão da audição um sentimento de prazer que parece influir

Cinco memórias sobre a instrução pública

sobre o conjunto de nossos órgãos e que talvez, da mesma sorte que essa influência, tem como causa primeira a regularidade da vibração para a qual todos os nossos movimentos tendem então a se conformar em virtude das leis gerais da natureza. Mais ainda: os sons, por sua natureza e por sua distribuição ou ordem de sucessão, estimulam e despertam em nós sentimentos e paixões. Se a música não nos arrasta, se ela não imprime em nossa alma movimentos que deve provocar, ela nos distrai, nos separa de nós mesmos a fim de nos levar para doces devaneios. Enfim, sua influência é mais forte sobre os homens reunidos. Ela os obriga a sentir da mesma forma, a compartilhar as mesmas impressões. Ela pertence, pois, ao número daquelas artes sobre as quais o poder público deve estender a instrução, e não se deve negligenciar esse meio para amenizar os costumes, temperar as paixões sombrias e odiosas, aproximar os homens, juntando-os em prazeres comuns.

Vantagens políticas do ensino das artes liberais.

O ensino das artes liberais tem mais uma vantagem que não deve passar em branco: como essas artes exigem talentos, estudos, devem ser mais bem pagas do que as outras que exigem menos. Elas são, por conseguinte, um meio de estabelecer mais igualdade entre aquele que nasce com fortuna e o que é privado dela. Esse equilíbrio de riquezas entre o patrimônio e o talento é um obstáculo à desigualdade, que, apesar das leis políticas e civis, poderia se perpetuar ou se introduzir. Dir-se-ia talvez que essa mesma igualdade destruiria as artes, que não floresceriam num país onde só houvesse fortunas medíocres. Seria um engano. Aqueles que só amam essas artes por vaidade querem, sem dúvida, prazeres solitários. Um quadro somente lhes dá prazer porque está em seu gabinete. Não apreciam os talentos de um virtuose célebre, se não o ouvirem no concerto que eles mesmos organizaram. O mesmo não ocorre com aqueles cujo gosto pelas artes é efeito de sua sensibilidade. Eles não têm necessidade, para usufruir delas, de um privilégio de propriedade. Se, portanto, não houver cidadãos suficientemente ricos para encorajar as grandes obras de arte, se os monumentos públicos dirigidos por uma economia sábia não bastarem, sociedades livres de amadores podem remediar isso. Nos países nos quais o homem igual ao homem não se ajoelha diante de seu semelhante, revestido por si mesmo de títulos imaginários, como um estatuário diante de um deus que fez com suas mãos, essas sociedades substituirão vantajosamente aquilo que as artes e as ciências poderiam esperar em outro lugar que não seja a proteção dos reis ou dos grandes. Animados pelo espírito público, dirigidos por homens esclarecidos, a intriga e o capricho não presidirão os encorajamentos que dariam às artes. Esses encorajamentos não tirariam a dignidade natural das artes, nem a independência dos artistas.

Sociedades destinadas ao progresso das artes.

A instrução relativa à economia rural, à ciência da guerra, à marinha, à arte de curar, à arte das construções e do desenho não será completa se não existirem sociedades destinadas ao progresso dessas artes, e onde aqueles que as cultivam possam encontrar luzes e, sobretudo, meios de prevenção para se garantirem contra o erro.

Cinco memórias sobre a instrução pública

Essas sociedades, estabelecidas na capital, devem ser separadas das sociedades científicas propriamente ditas. Com efeito, se a economia rural é uma parte da Botânica e da Zoologia, se a arte de curar é fundada sobre a Anatomia, se a das construções, como a da guerra e da marinha, têm a Matemática como base, a maneira pela qual as sociedades científicas e as que têm como finalidade a perfeição dessas artes consideram esse mesmo objeto, empregam as mesmas verdades, deve ser diferente. Se introduzirmos nas sociedades científicas a idéia de preferir os conhecimentos imediatamente aplicáveis na prática, de afastar as teorias que não apresentam nenhuma utilidade próxima, enfraqueceremos nelas a força com a qual elas devem lançar-se nas regiões imensas onde repousa a enorme quantidade de verdades ainda escondidas para nós.

Se, ao contrário, essas mesmas sociedades considerarem as artes de um modo por demais especulativo, existirá entre a teoria e a prática um intervalo que o apenas tempo poderá superar. As descobertas especulativas ficarão inúteis por muito tempo, a prática não se aperfeiçoará senão lentamente e ao sabor das circunstâncias. As sociedades científicas especialmente aplicadas às artes são destinadas a preencher essa lacuna. Elas saberão aproveitar igualmente as descobertas dos sábios e as observações dos homens de arte. Estabelecerão uma comunicação imediata entre as verdades abstratas e as regras da prática. Tornarão a teoria útil e a prática esclarecida. O sábio aí encontrará observações detalhadas que suas experiências não puderam lhe mostrar; o homem de arte aí encontrará princípios que terão escapado às suas investigações. A cadeia de atividade humana não será interrompida, desde as mais sublimes meditações do gênio até as operações mais vulgares das artes mecânicas.

Condorcet

Essas sociedades terão, além disso, a vantagem de oferecer um encorajamento para aqueles que amam exercitar sua razão, que se ocupam mais da perfeição real de sua arte do que de seu próprio sucesso. Elas impedirão sobretudo o espírito de rotina, o de sistema, o de escola, de se apropriar da prática das artes. Esta última vantagem não se efetivaria se, mesmo afastando dessas sociedades todo espírito de corporação, toda desigualdade relativa às funções, nos graus que aqueles que as compõem têm fora do seio da associação, não se estabelecesse uma inteira igualdade, uma liberdade absoluta nas escolhas; se essas sociedades não forem uma reunião de homens que, sucessivamente e por seu próprio sufrágio, se declararam os mais esclarecidos nas artes, cujo progresso eles devem promover. Viu-se, numa outra Memória, como o interesse pela própria glória os protegeria das más escolhas. Aqui, a proteção é mais segura ainda. Uma academia de Medicina cujos membros não fossem chamados por nenhum doente, uma academia de pintura à qual não se pedissem quadros, uma academia militar cujos membros não fossem considerados soldados, cairiam logo no aviltamento, seriam logo ridicularizadas.

Aqui não se contam a Teologia nem a jurisprudência no número das ciências que o poder público deve abarcar nos estabelecimentos de instrução.

Como todo homem deve ser livre na escolha de sua religião, seria absurdo fazê-lo contribuir para o ensino de uma outra, fazê-lo pagar pelos argumentos que quer combater.

Em todas as outras ciências, a doutrina ensinada não é arbitrária. O poder público não escolhe. Ele manda ensinar aquilo que as pessoas esclarecidas consideram verdadeiro e útil. Mas, segundo que critério ele poderia decidir que uma determinada

Cinco memórias sobre a instrução pública

teologia é verdadeira? E que direito teria ele de mandar ensinar uma teologia que pode ser falsa? Pode-se até certo ponto cobrar um imposto pelas despesas de um culto. A tranqüilidade pública pode exigi-lo, pelo menos por um tempo bem limitado. E quem ousará dizer que o ensino da Teologia possa alguma vez ser um meio de conservar a paz?

Quanto à jurisprudência, um dos primeiros deveres dos legisladores é fazer bem as leis, de modo que ela seja uma ciência necessária, e que, limitada a princípios gerais que derivam do direito natural, não exista senão como uma parte da Filosofia. Ora, o ensino da jurisprudência, supondo que ainda fosse útil durante algum tempo, tornar-se-ia um grande obstáculo à perfeição das leis, já que produziria uma eterna família de homens interessados em perpetuar os vícios, e seu ensino esclareceria sobre os meios de evitar a sua reforma.

Aliás, as leis que precisam ser esclarecidas têm necessidade de ser interpretadas, e é nas assembléias de legisladores, e não na escola, que o seu sentido deve ser fixado.

Quinta memória:
Sobre a instrução relativa às ciências

Objetivo desta instrução.

Uma educação geral é preparada para todos os cidadãos. Nela, eles aprendem tudo o que lhes importa saber para gozar a plenitude de seus direitos, para conservar em suas ações privadas uma vontade independente da razão alheia e para cumprir todas as funções comuns da sociedade. Essa educação é dividida em vários graus, que correspondem ao espaço de tempo que cada um pode a ela consagrar, assim como à diferença de talentos naturais. Aqueles a quem sua fortuna não teria permitido desenvolvê-los encontram nessa educação geral honrosos auxílios. A instrução segue o homem em todas as idades da vida, e a sociedade só condena à ignorância aquele que quiser nela permanecer. Enfim, todos as profissões úteis recebem o ensino que pode favorecer o progresso das artes.

Só me resta mais falar da instrução relativa às ciências. Esta última parte do ensino público é destinada aos que são chamados a aumentar a massa de verdades por meio de observações ou descobertas, a preparar de longe a felicidade das gerações

Condorcet

futuras. Ela é necessária ainda para formar mestres, que deverão estar nos estabelecimentos onde se completa a instrução comum, em que se prepara para profissões que exigem luzes mais extensas. Bastará uma instituição sabiamente organizada na capital. É nela que, tomando os jovens no ponto em que a instrução comum os deixou, um ponto no qual eles não adquiriram senão noções elementares e o hábito da reflexão, eles serão introduzidos no santuário das ciências, conduzidos para cada uma delas até o ponto em que ela chegou, e onde cada passo que for dado além desse ponto será uma descoberta.

Método de ensinar.

Nesse ensino só serão desenvolvidas detalhadamente as teorias verdadeiramente importantes. Tentar-se-á sobretudo fazer os alunos sentirem o espírito e a extensão dos meios que conduziram a novas verdades, mostrar o que foi fruto do trabalho e o que foi precisamente obra do gênio. Com efeito, existe em cada descoberta um princípio, uma operação qualquer que foi necessário adivinhar, e que separa cada método, cada teoria, daquela que, na ordem das idéias, deveu precedê-la.

Não se deveria ter a pretensão de obrigar a seguir a marcha dos inventores. Essa marcha histórica depende daquela que é seguida pela ciência como um todo em cada época, do estado das opiniões, dos gostos, das necessidades de cada século. Ela não é suficientemente metódica, regular, para servir de base à instrução. Freqüentemente, a primeira solução foi indireta ou incompleta; normalmente, a questão que pertencia a uma ciência tornou-se ocasião de descobertas importantes feitas noutra. Algumas vezes mesmo foi-se conduzido

Cinco memórias sobre a instrução pública

a ela por princípios de uma ciência estranha à primeira. Na verdade, o que importa não é mostrar a arte de inventar daqueles que, separados de nós por um longo espaço de tempo, ignoravam os métodos atuais e os numerosos resultados que são o seu fruto. É especialmente nos métodos novos que é preciso observar os procedimentos do gênio. Eis o que um professor hábil saberá fazer: demonstrar como o homem que se viu obrigado a resolver tal dificuldade soube, entre os fios que se apresentavam a ele, descobrir o único que poderia conduzi-lo com segurança. Os livros destinados a essa instrução devem ser feitos ou escolhidos de um modo independente pelos professores. Essas obras não são, como os livros elementares da instrução comum, destinadas a conter apenas coisas preestabelecidas por meio de um acordo. Elas não se limitam absolutamente a ensinar o que se julga útil para certa profissão. Haveria perigo para a liberdade, se se permitisse a menor influência do poder público sobre esse trabalho. Seria algo a temer para as academias, se aí fosse introduzido o espírito de sistema. Os progressos dos indivíduos são mais rápidos do que os da sociedade. E nos arriscaríamos a corrompê-la, se a obrigássemos a formar ou a reconhecer um corpo de doutrina.

Não me deterei sobre o ensino das ciências matemáticas ou físicas. Basta esclarecer ainda alguns traços do espírito de escola ou a falsa filosofia, e esses traços logo se apagarão.

Ensino das ciências morais.

O ensino da Metafísica, da arte de raciocinar, dos diferentes ramos das ciências políticas deve ser considerado como inteiramente novo. Deve-se de início livrá-lo de todas as correntes da autoridade, de todos os laços religiosos ou políticos. Deve-se mesmo ousar examinar tudo, discutir tudo, ensinar tudo. Seria absurdo que o poder público não regulasse o que deve ser ensinado na instrução comum. Todavia, não seria menos absurdo se quisesse regulá-lo, quando a instrução precisa abarcar toda a trajetória de uma ciência. No pequeno número de teorias que se devem ensinar às crianças, àqueles que só podem dedicar pouco tempo à instrução, é bom fazer uma escolha, e cabe à vontade nacional dirigi-la, mas seria atentar contra a liberdade de pensamento e a independência da razão excluir algumas questões do conjunto geral ou fixar o modo de resolvê-las.

Suponhamos que um mestre ensine uma falsa doutrina. A voz dos homens esclarecidos reunidos contra ele não teria imediatamente desacreditado suas lições?

Deve-se ainda procurar reduzir essas ciências a verdades positivas, apoiadas, como as da Física, sobre fatos gerais e raciocínios rigorosos; afastar tudo o que, falando à alma ou à imaginação, seduz ou desvia a imaginação, e provar as verdades antes de pretender fazê-las serem amadas.

A estas precauções deve-se acrescentar a de empregar somente uma linguagem analítica e precisa, evitando associar a uma palavra uma significação vaga, determinada unicamente pelo sentido das frases em que ela é empregada. Do contrário, acontece que de duas proposições que parecem verdadeiras se deduz uma conseqüência falsa, porque o silogismo tem realmente quatro termos.

Se essas grandes questões da liberdade, da distinção entre o espírito e a matéria etc. têm perturbado tanto as imaginações

Cinco memórias sobre a instrução pública

desviadas; se produziram tantas sutilezas vãs, é porque foi utilizada uma linguagem sem precisão, o método das definições em vez da análise, o raciocínio em vez da observação.

Ensino da História.

O ensino da História exige uma atenção particular. Esse vasto campo de observações morais, feitas em grande escala, pode oferecer uma abundante colheita de verdades úteis. Porém, quase tudo o que existe na História seria mais apropriado para seduzir os espíritos do que a esclarecê-los.

Os autores antigos, dos quais os modernos foram tão-somente copistas, afeiçoados a uma liberdade que para eles consistia em não ter reis e a não depender de um senado usurpador, conheciam pouco as leis da justiça natural, os direitos dos homens e o princípio da igualdade. Quase todos pareciam mesmo tender a favor do partido que, sob pretexto de estabelecer um governo mais regular, mais sábio, mais tranqüilo, queria concentrar a autoridade nas mãos dos ricos. Quase todos deram o nome de facciosos e rebeldes aos que defenderam a igualdade, sustentaram a independência do povo e procuraram aumentar a sua influência.

Gillies, na história da Grécia antiga, provou que a ambição dos ricos, que queriam afastar do governo os cidadãos pobres e tratá-los como seus súditos, foi a causa da verdadeira perda da liberdade; que as guerras intestinas que dividiram as cidades sempre foram tão-somente um combate entre ricos hábeis, que queriam tornar-se ou permanecer senhores, e uma multidão ignorante, que queria ser livre e desconhecia os meios para conseguir isso.

Condorcet

A história romana provaria também que a ambição do Senado foi a única causa da queda da República; que essa corporação, cujas virtudes foram tão louvadas por nossos autores modernos, nunca foi senão uma tropa de tiranos hipócritas e cruéis, enquanto os tribunos sediciosos, condenados em nossos livros à execração dos séculos, quase sempre sustentaram a causa da justiça. Ver-se-á que os Gracos, os Drusos, durante tanto tempo acusados de ter empregado seu prestígio sobre os cidadãos pobres para perturbar o Estado, procuravam, ao contrário, destruir a influência do populacho de Roma sobre as questões públicas; que eles haviam percebido o quanto essa influência oferecia aos ambiciosos os meios de erigir a tirania. Queriam fazer a classe oprimida do povo sair de seu aviltamento, para que ela não se tornasse a presa da hipocrisia de um Mário ou de um César, e o instrumento de seus furores. Queriam multiplicar o número dos cidadãos independentes, para que a tropa servil dos clientes do Senado e as legiões mercenárias de um cônsul não se transformassem na República inteira.

A história moderna até aqui foi corrompida, ora pela necessidade de poupar as tiranias estabelecidas, ora por espírito de partido. O hábito, introduzido pelos teólogos, de decidir todas as questões pela autoridade ou pelo costume dos tempos antigos, havia invadido todas as partes dos conhecimentos humanos. Todos procuravam multiplicar os exemplos favoráveis à sua opinião, a seus interesses.

Um amigo da liberdade via em Carlos Magno apenas o chefe de um povo livre. Um historiógrafo o via como um soberano absoluto. Histórias da França escritas por um parlamentar, por um padre ou por um pensionista da corte quase nem pare-

244

Cinco memórias sobre a instrução pública

ciam ser histórias de um mesmo povo. Essas duas causas contribuíram muito mais para a insipidez de nossas histórias do que a diferença entre os acontecimentos, dos costumes e dos caracteres. Até mesmo Voltaire, o primeiro dos historiadores modernos, tão grande na parte moral da história, não conseguiu, na parte política, abandonar-se ao seu gênio. Forçado a contemporizar com um dos inimigos da espécie humana para ter o direito de atacar o outro com impunidade, esmagou a superstição, mas só opôs ao despotismo o grito da humanidade e as regras da justiça pessoal. Censura seus crimes, mas deixa repousar nas mãos dos reis o poder de cometê-los.

Precisamos, pois, de uma história inteiramente nova, que seja sobretudo aquela dos direitos do homem, das vicissitudes às quais os súditos foram sujeitados e do conhecimento e do gozo de seus direitos; uma história na qual, medindo segundo essa única base a prosperidade e a sabedoria das nações, sejam seguidos o progresso e a decadência da desigualdade social, fonte quase única dos bens e dos males do homem civilizado.

Escolha dos professores.

Não entrarei em nenhum detalhe sobre a distribuição das diversas partes do ensino das ciências, nem sobre a maneira de nomear os professores. Os princípios que expus na Segunda Memória podem aplicar-se a todos os graus, a todos os gêneros de instrução. Os concursos, a participação dos alunos serviriam menos para fazer a preferência recair sobre os mais hábeis e mais para afastar aqueles que se destinam a essa função de um estudo solitário e profundo. Eles a sacrificariam à ne-

Condorcet

cessidade de adquirir os pequenos talentos próprios para enganar os juízes ou seduzir os discípulos. Mas, de certo modo, é mais essencial ainda que a nomeação dos professores cujo ensino tem por finalidade o progresso das ciências seja independente do poder público, a fim de não dar a esse poder nenhum meio de abafar, desde o berço, as verdades que ele pode ter interesse em temer. Em geral, todo poder, qualquer que seja a sua natureza, quaisquer que sejam as mãos em que estiver depositado, qualquer que seja a maneira pela qual foi conferido, é naturalmente inimigo das luzes. Nós o veremos algumas vezes bajular os talentos, se estes se rebaixarem, tornando-se instrumentos de seus projetos ou de sua vaidade. Todavia, todo homem que fizer de sua profissão a busca da verdade e sua expressão, será sempre odioso para aquele que exercer autoridade.

Quanto mais a autoridade for fraca e dividida, mais aqueles que a detêm serão ignorantes e corrompidos, mais esse ódio será violento. Se se podem citar algumas exceções, é quando, por uma dessas combinações extraordinárias que se reproduzem no máximo uma vez em vinte séculos, o poder se encontra em mãos de um homem que reúne um gênio poderoso a uma forte e pura virtude, visto que, mesmo a espécie de virtude que pode pertencer à mediocridade não se preserva dessa doença, nascida da fraqueza e do orgulho.

Não é necessário escavar nos arquivos da história para ficar convencido dessa triste verdade. Em cada país, em cada época, basta olhar em torno de si. Esta deve ser, com efeito, a ordem da natureza. Quanto mais os homens forem esclarecidos, menos aqueles que têm autoridade poderão abusar dela, e será também menos necessário dar aos poderes sociais extensão ou

Cinco memórias sobre a instrução pública

energia. A verdade é, por conseguinte, ao mesmo tempo inimiga do poder e dos que o exercem. Quanto mais ela se difunde, menos estes podem esperar enganar os homens. Quanto mais ela adquire força, menos as sociedades têm necessidade de serem governadas.

*Não se deve absolutamente impor aos professores
a obrigação de responder às questões que lhes são postas.*

Os professores serão obrigados a dar esclarecimentos aos que lhes colocarem questões difíceis? Não creio. Não há professor que não dê, voluntariamente, a solução de dificuldades que lhe apresentam. Porém, se transformamos isto num dever, como se fixariam esses limites? Responderia ele às questões escritas tanto quanto às orais? Fixar-se-ia o tempo que ele deve empregar para responder? Num país no qual os homens estão sujeitos à lei, não se devem impor deveres a não ser aqueles que possam ser determinados por ela. Não se deve enganar os cidadãos por meio de indicações que os persuadem de que têm direito de exigir o que freqüentemente seria impossível lhes conceder. Por que não se basear aqui sobre o desejo que naturalmente terão os professores de aumentar sua reputação, de obter a confiança e a estima de seus alunos?

*Instrução que resulta para os adultos da instituição
das sociedades científicas.*

A este ensino, destinado sobretudo à juventude, mas do qual os adultos poderão retirar, se não a vantagem de abrir para si a carreira das ciências, pelo menos a de estudar as suas diversas partes e acompanhar os seus progressos, deve-se acrescentar a instrução que todos podem esperar das sociedades científicas. Já mostramos como elas serviriam indiretamente para esse fim, protegendo contra os erros, opondo obstáculos ao charlatanismo assim como aos preconceitos. Elas são ainda um meio de estender as verdades e aumentar a sua massa.

Estas sociedades são um encorajamento útil, mesmo para os homens de gênio.

Se elas recrutam seus próprios membros, e se o número dos membros for limitado, o desejo de estar inscrito em sua lista torna-se um encorajamento, útil até mesmo ao homem de gênio, mais útil ainda ao que tem um talento limitado, que só pode receber um pouco de prestígio por seus trabalhos assíduos e multiplicados. Enquanto os homens tiverem necessidade de glória para dedicar-se ao trabalho; enquanto as ciências forem uma espécie de condição e não a ocupação pacífica daqueles que não têm necessidade de fortuna; enquanto governos mal organizados exercerem sobre todos os objetos uma inquieta e fatigante atividade, empregarem uma multidão de agentes e lhes impedir uma vida tranqüila e ocupada, as sociedades científicas serão sempre necessárias aos progressos das luzes. É delas que emana, para aqueles que as compõem, essa celebridade pouco ruidosa com a qual eles se contentam, mas que lhes custaria esforços demasiados, que em geral lhes escaparia, se fossem obrigados a adquiri-la por meio de sufrágios dispersos. Somente elas podem encorajar os talentos que têm poucos juízes, os trabalhos que não podem

Cinco memórias sobre a instrução pública

adquirir mérito ou brilho aos olhos do vulgo, a não ser depois de terem sido conduzidos em silêncio, às vezes durante quase uma vida inteira.

Elas aceleram a comunicação das luzes.

Essas sociedades serão por mais tempo úteis sob um outro ponto de vista mais importante. É por meio de suas memórias, publicadas periodicamente, que todas as descobertas, observações, experiências e até mesmo simples pontos de vista, projetos de pesquisa, podem ser difundidos e preservados.

Essas verdades isoladas, que teriam permanecido desconhecidas durante muitos anos se fosse necessário que o autor as pusesse numa grande obra, e que talvez teriam sido enterradas com ele se uma morte prematura o tivesse atingido a caminho, estão inseridas nessas coletâneas. Aí são lidas, meditadas, aplicadas, aperfeiçoadas, muito tempo antes da época em que tiverem aparecido num tratado completo do qual deverão fazer parte. Não são as Academias que fizeram de Euler um homem de gênio, mas sem elas esse gênio não teria podido desenvolver sua infatigável e prodigiosa atividade. Newton havia descoberto a lei geral do sistema do mundo vinte anos antes da publicação da obra na qual ele a revelou. Enganado, durante alguns anos, por tábuas inexatas, acreditou que essa lei não estava de acordo com os fenômenos. Aqueles que conhecem as coleções das academias de Paris, Londres, Berlim, São Petersburgo, da Suécia, da Itália, sabem o quanto as academias difundiram descobertas matemáticas, análises químicas, descrições de animais ou de vegetais, observações importantes em todas as partes da Física e das Artes.

Elas servem para impedir que certas partes das ciências possam ser negligenciadas.

Essas mesmas sociedades são necessárias para impedir que certas partes das ciências sejam abandonadas. É por essa razão que é útil dividir essas corporações em diferentes classes que abarquem a imensidão dos conhecimentos, e sobretudo desse ponto de vista é útil que essas classes sejam formadas, tendo-se o cuidado de reunir entre elas as partes das ciências cultivadas ao mesmo tempo pelos mesmos homens. Se procurássemos formar divisões puramente filosóficas, nós nos afastaríamos muitas vezes do objetivo que queremos atingir, a menos que se tomasse como base não a diferença dos objetos, mas a dos métodos, não a natureza mesma da ciência, mas a das qualidades exigidas daqueles que a elas se dedicam.

É principalmente segundo os métodos de procurar as verdades que se deve observar e julgar a marcha das ciências. No entanto, cada método tem apenas uma extensão determinada; ele se esgota como o filão de uma mina preciosa, acabando por oferecer apenas de longe em longe algumas verdades. Os meios próprios de cada ciência também têm somente certo grau de atividade, precisão e extensão. A Astronomia acaba por perder sua força após um período de sucesso, se a arte de detalhar os instrumentos e de construir lunetas não fizer progressos. Todas as questões que certos métodos podem resolver na análise sem empregar cálculos muito longos, muito cansativos, são resolvidas em primeiro lugar. A complicação dos cálculos exigidos por novas questões obriga a que se interrompam as pesquisas até o momento em que outros métodos abram um caminho mais fácil. Os detalhes da anatomia humana, quanto à

Cinco memórias sobre a instrução pública

parte descritiva, devem esgotar-se. Virá um momento em que os animais, as plantas, os minerais serão conhecidos sobre uma grande parte do globo e em que os novos objetos que completariam o sistema não apresentarão mais fenômenos realmente novos, não oferecerão mais resultados interessantes.

Não há ciência que, pela própria natureza das coisas, não seja condenada a intervalos de estagnação e esquecimento. Se, contudo, ela for negligenciada, se não for aperfeiçoada quanto aos métodos, aos desenvolvimentos, se se perder a memória da parte já concluída, será necessário percorrer uma segunda vez esses caminhos abandonados, quando novas necessidades ou novas descobertas levarem os espíritos a novamente se voltarem para ela. Mas, ao contrário, se essas sociedades científicas conservarem os estudos dessas ciências, então, em épocas fixadas pela natureza para a sua renovação, ver-se-á o seu reaparecimento com um novo esplendor.

Elas servem para preparar as descobertas, reunindo as observações.

As academias não fazem descobertas; é o gênio que age sozinho. Ele é mais atrapalhado do que socorrido por forças estranhas. Entretanto, nas ciências naturais, freqüentemente as descobertas não podem ser senão o resultado de um grande número de fatos que foi necessário observar, em climas diversos, acompanhar, em diversos lugares ao mesmo tempo, continuar a observar, durante uma longa série de anos.

Em muitos gêneros, na Meteorologia, por exemplo, na Agricultura física, na História Natural do globo, em algumas partes da Astronomia, nunca as observações isoladas, feitas segundo pontos de vista particulares de cada observador, podem substituir um sistema de pesquisas que se estenda sobre os diversos pontos do globo em que as ciências penetraram, abarcando não a duração da vida ativa de um só homem, mas a de várias gerações.

As sociedades científicas são, pois, úteis para reunir essas observações, para dirigi-las. Esses importantes serviços não se limitam absolutamente às ciências físicas. Estendem-se às pesquisas históricas, às antigüidades. Existem mesmo para as ciências morais, visto que os efeitos das leis, das diversas constituições, das regras de administração, de finanças ou de comércio também não podem ser conhecidas a não ser por uma observação longa e continuada.

Dessas massas de fatos reunidos pelo zelo, cuja realidade e precisão foram garantidas pelas luzes dos observadores, o gênio deve extrair um dia as grandes verdades que, de tempos em tempos, consolam o espírito humano de sua ignorância e fraqueza.

Utilidade de um quadro geral das ciências.

Poder-se-á, enfim, obter dessas sociedades científicas uma obra necessária à instrução geral do gênero humano, que nunca foi empreendida, e que só essas sociedades podem executar, no estado atual das luzes e das sociedades. Quero falar de um quadro geral e completo de todas as verdades positivas descobertas até aqui. Ele conteria, por exemplo, quanto às ciências matemáticas, todos os problemas que os geômetras resolveram, todas as verdades que demonstraram, as teorias que estabeleceram, todos os métodos que usaram. Acrescentar-se-iam

Cinco memórias sobre a instrução pública

todas as aplicações dessas teorias à Filosofia, à Política, à Astronomia, à Física, à Mecânica, às Artes e, ao mesmo tempo, a indicação de todas as máquinas, de todos os teares, de todos os instrumentos conhecidos. Vê-se facilmente como se pode formar um quadro semelhante para as ciências naturais, e como ele serviria para mostrar a riqueza ou a pobreza real de cada uma delas. O mesmo trabalho poderia ser executado para as ciências morais, para as antigüidades, para a História. Contudo, à medida que se afastasse das verdades simples das matemáticas puras, o trabalho se tornaria mais difícil; ele assumiria algo de mais arbitrário, mais incerto, menos imutável. Uma verdade matemática, uma vez inscrita nessa obra, poderia permanecer nela para sempre, ou pelo menos só ser tirada para se integrar na verdade geral que a abarca. Mas, nas outras ciências, seria necessário apagar algumas vezes o que se acreditou saber melhor, porque essas verdades são, em geral, o resultado de fatos conhecidos, que podem ser mudados por novas descobertas. As conseqüências mais bem deduzidas das observações sobre objetos existentes são verdadeiras somente para as idéias que, segundo essas mesmas observações, pudessem ser formadas sobre esses mesmos objetos. Elas podem, pois, deixar de sê-lo, quando o tempo tiver dado, dos mesmos objetos, uma idéia mais completa independentemente dessa diferença que é própria da natureza da ciência, quando esses mesmos quadros se tornarem mais ou menos defeituosos, segundo o grau ao qual a Filosofia da Ciência tiver sido levada e segundo a perfeição maior ou menor da língua que lhe é própria. Nessa perspectiva, nas ciências naturais, nas ciências morais, o quadro deverá não somente estender-se, mas, sob alguns aspectos, mudar a cada geração. É necessário se ocupar incessantemente de aperfeiçoar uma dessas obras, e apenas terminá-la para recomeçá-la.

Esse quadro geral não deveria ser nem uma coleção de tratados completos sobre as ciências, nem sua história detalhada ou um dicionário, mas uma exposição sistemática, na qual as demonstrações, as conseqüências imediatas seriam suprimidas, onde se fariam remissões às obras em que cada verdade se encontra desenvolvida e onde se poderia captar, de uma vez, para cada porção desse vasto conjunto, quais são as riquezas e quais são as necessidades do espírito humano, onde, observando em que ponto ele se deteve, seriam aprendidos quais são os primeiros passos que se deve tentar dar.

Não seria um simples inventário de conhecimentos humanos, porém um grande arsenal, no qual o homem de gênio poderia encontrar todas as armas preparadas pelos trabalhos de todos os séculos, visto que esses quadros devem conter os métodos de descobrir e as próprias descobertas, os meios, assim como os resultados.

Tal obra só pode ser executada por homens que associam um espírito filosófico a um conhecimento aprofundado de todas as partes da ciência à qual eles se dedicam, e talvez não exista uma só pessoa em condições de executá-la sem auxílio, mesmo no caso de uma só ciência. No entanto, um sábio, submetendo seu trabalho aos que seguiram a mesma carreira, aprenderia com estes o que em cada parte pôde lhe escapar. A obra não pode, portanto, ser empreendida com sucesso senão por sociedades formadas pelos homens mais esclarecidos em todos os gêneros.

Em algumas ciências, ficaríamos espantados com as riquezas do espírito humano; em outras, algumas lacunas ainda precisariam ser preenchidas.

Cinco memórias sobre a instrução pública

Não se deve crer que uma obra como essa seria imensa. Seria menos volumosa do que as que fazem conhecer as riquezas das grandes bibliotecas. O catálogo das verdades seria bem menos extenso do que o dos livros.

Correspondência entre as sociedades científicas da capital e os outros estabelecimentos científicos relativos às ciências.

As sociedades científicas da capital, das quais uma teria como objetivo as ciências matemáticas e físicas, outra as ciências morais, a terceira a Antigüidade, a História, as línguas, a literatura, e que abarcariam assim o círculo inteiro dos conhecimentos humanos, seriam ligadas às outras sociedades dedicadas às partes práticas das ciências.

Um museu de História Natural reunido a jardim botânico, um museu de Anatomia humana e comparada, um museu de máquinas, antigüidades e as bibliotecas seriam confiados cada um a um diretor encarregado de conservá-los, completá-los, de fazer que os estudiosos pudessem usufruir deles. Esses museus, depósitos gerais das ciências, seriam distintos de outros museus destinados ao ensino. Estes devem ser distribuídos segundo o método seguido pelo professor em suas aulas. As peças, os instrumentos que os compõem devem ser escolhidos de sorte a facilitar a instrução, a apresentar aos alunos o que se lhes quer mostrar. O jardim de Botânica destinado ao ensino seria também separado daquele cujo objeto seria reunir as plantas de todos os países, de todos os climas.

As sociedades da capital, correspondendo-se com as das províncias, recolheriam suas observações e as publicariam em jornais. Os estabelecimentos públicos relativos às ciências se corresponderiam com aqueles que, nas províncias, tivessem a mesma destinação. As sociedades da capital comunicariam às das províncias as novas descobertas, das quais teriam tido conhecimento por meio de um intercâmbio contínuo com estudiosos estrangeiros. Elas lhes indicariam as observações, as pesquisas úteis que se devem fazer ao mesmo tempo nas diversas partes do império, aquelas pelas quais sua posição lhes dá vantagens, as experiências de Botânica, de Zoologia, de Economia rural que se podem esperar tentar com mais sucesso. Em suma, por meio dessa correspondência contínua, ativa, realizar-se-ia com mais amplitude e método o vasto projeto de Bacon. A natureza, interrogada em todo lugar, observada em todas as suas faces, atacada ao mesmo tempo por todos os métodos, por todos os instrumentos apropriados para lhe arrancar seus segredos, seria forçada a deixá-los escapar. Em conseqüência, reunir-se-ia tudo o que se pode esperar dos esforços isolados do gênio deixado a si mesmo, e tudo o que a ação combinada de homens esclarecidos pode produzir. Assim, aproveitar-se-ia ao mesmo tempo toda a energia da liberdade e todo o poder de um concerto constante e unânime.

Seria necessário que as sociedades da capital tivessem associados residentes nas províncias, a fim de estimular nessas cidades do interior uma maior emulação, de destruir qualquer idéia de uma inferioridade que não existe, a fim de que, se as sociedades da capital obtiverem qualquer preferência, pareçam devê-la não à extensão da cidade em que se reúnem, mas ao mérito dos que a compõem. Eu limitaria então a obrigação de residência, sempre compensada com uma remuneração, ao número de estudiosos necessário em cada parte para conservar a existência habitual do corpo, estendendo mais o número

Cinco memórias sobre a instrução pública

daqueles dos quais a residência no local não é exigida, mas que não a excluiria. Tanto para uns como para outros, a distinção de classes teria lugar igualmente, e o número seria fixado para cada uma, seja por determinação absoluta, seja somente estabelecendo-o entre dois limites.

Diferença entre o objetivo desta instrução e o da instrução geral.

O aperfeiçoamento físico e moral da espécie humana seria a finalidade desse grande sistema de associações, dessa luta eterna que elas estabeleceriam entre a natureza e o gênio, entre o homem e as coisas, e na qual, submetendo ao seu poder o que pareceria estar fora de suas expectativas, tirando vantagem do que parecia existir somente contra ele, tudo se tornaria sucessivamente para o homem um meio de se esclarecer ou um instrumento de felicidade. Enquanto o resto da instrução lhe ensinaria a aproveitar os conhecimentos adquiridos, tornando-o capaz de cuidar de seu bem-estar ou de cumprir seus deveres, difundindo na sociedade a paz e as virtudes e multiplicando os gozos, esta prepararia vantagens maiores para as gerações que ainda não existem e preveniria os efeitos longínquos das causas que ameaçam destruir aqueles que podemos esperar lhes transmitir.

Uma dá à pátria cidadãos dignos da liberdade, outra deve defender e aperfeiçoar a própria liberdade; uma impedirá os intrigantes de transformar seus contemporâneos em instrumentos ou cúmplices de seus desígnios. A outra preservará as raças futuras de ver de novo os preconceitos roubarem do homem sua independência e sua dignidade.

Condorcet

Conclusão.

Estas são minhas idéias sobre a instrução pública, com as quais rendo a homenagem que creio dever ao meu país. Elas são o resultado de uma longa série de reflexões, de observações constantes sobre a marcha do espírito humano, nas ciências e na Filosofia. Durante muito tempo, considerei que estas idéias eram sonhos que só se realizariam num futuro indeterminado, num mundo no qual eu não mais existiria. Um feliz acontecimento abriu, de repente, uma carreira imensa às esperanças do gênero humano; *um só instante colocou um século de distância* entre o homem de hoje e o de amanhã. Escravos treinados para o serviço ou o prazer de um senhor acordaram espantados por não terem mais mestres, por sentirem que suas forças, seu trabalho, suas idéias e sua vontade só pertenciam a eles mesmos. Num tempo de trevas, este despertar só teria durado um momento: cansados de sua independência, os homens teriam procurado em novas correntes um sono doloroso e penoso. Num século de luzes, este despertar será eterno. O único soberano dos povos livres, a verdade, da qual os homens de gênio são os ministros, estenderá sobre o universo inteiro seu doce e irresistível poder. Por ele, todos aprenderão o que devem querer para a sua felicidade, e eles só desejarão o bem comum de todos. Por essa razão, esta revolução não é a de um governo, é a das opiniões e das vontades. Não é o trono de um déspota que ela derruba, é o do terror e da servidão. Não é um povo que quebra suas correntes, são os amigos da razão, em todos os povos, que obtiveram a grande vitória: presságio certo de um triunfo universal.

Esta revolução provoca murmúrios: mas não se deveria ter previsto que, para recolocar os homens no lugar que a nature-

Cinco memórias sobre a instrução pública

za havia lhes dado, seria necessário deixar bem pouco do lugar que ocupavam antes? Esse movimento geral poderia acontecer sem conflitos e sem abalos?

A educação não havia ensinado aos indivíduos das classes usurpadoras a se contentar em ser eles mesmos; tinham necessidade de apoiar sua nulidade pessoal em títulos, de ligar sua existência à de uma corporação. Cada um se identificava de tal modo à qualidade de nobre, de juiz, de padre, que quase não se lembrava que era também um homem. Acreditavam o que se devia acreditar numa tal profissão. Queriam o que era costume querer. Ao separá-los de tudo o que lhes era estranho, tirou-se tudo deles. Crêem-se aniquilados, porque não lhes resta nada mais senão a sua própria pessoa. São como crianças a quem foram tirados seus andadores e seus chocalhos, e que choram porque não sabem se sustentar nem se ocupar.

Lamentemo-los, por não saberem se alegrar ao ver o homem restabelecido em seus direitos, a terra libertada de sua antiga servidão, a indústria livre de suas correntes, a natureza humana saindo da humilhação, as opiniões que recuperam sua independência, a humanidade consolada dos ultrajes do orgulho e da barbárie. Lamentemo-los, já que não experimentam um prazer novo de respirar um ar livre, porque não encontram na igualdade a doçura de não estarem mais rodeados de homens a quem deviam pedir contas de uma usurpação e de uma injustiça. Lamentemo-los, por serem até mesmo inacessíveis ao orgulho de não ter nenhuma superioridade a não ser a de seus talentos, outra autoridade senão a de sua razão, outra grandeza a não ser a de suas ações.

Entretanto, que permitam pelo menos a um homem livre que ele ouse, em nome da humanidade consolada, agradecer os

Condorcet

autores de tantos benefícios por terem tornado possível tudo o que os filósofos tinham ousado conceber para a felicidade dos homens, e por terem aberto ao gênio uma carreira que os opressores não têm mais poder de fechar. A posteridade, as nações estrangeiras imparciais perdoarão as faltas que são efeito da necessidade ou das paixões, e se lembrarão do bem que, nascido da razão e da virtude, deve ser imortal como elas. Elas distinguirão a obra da Filosofia da obra da ambição ou da intriga, não confundirão os benfeitores do povo com os impostores que procuram seduzi-lo. Separarão os homens que, constantemente ligados à verdade, foram fiéis à sua opinião, daqueles que só foram fiéis aos seus interesses ou às suas esperanças. O reino da verdade se aproxima; nunca o dever de dizê-la foi mais urgente, porque nunca foi mais útil dizê-la quanto agora. É preciso, pois, que aqueles que lhe dedicaram sua vida aprendam a enfrentar tudo; é preciso estar pronto a lhe sacrificar até mesmo essa celebridade, essa opinião, último esforço que a razão exige. E que lhe é tão raro obter.

Não se tem sempre o poder ou a habilidade de apresentar a cicuta aos Sócrates, nem todos os triúnviros têm seus Popílios às suas ordens. Contudo, será sempre fácil para os tiranos comprar, se não os talentos, pelo menos a maldade de um Aristófanes. Esses instrumentos da calúnia, sempre usados pelos mais vis dos homens depois daqueles que os empregam, rodearão a mediocridade orgulhosa e poderosa. Sentir-se-ão sempre bajulados, porque a ambição e a política se dignam associá-los a seus projetos e seus crimes. Mas que amigo da verdade ficaria assustado? Que importa, àquele que pode fazer aos homens um bem eterno, ficar desconhecido por um instante e perder apoios que talvez lhe tivessem merecido uma

Cinco memórias sobre a instrução pública

honra de alguns dias? Lamentará ele que tenha sido impedido de ser útil? Certamente ele ainda será bem mais útil cumprindo sua nobre carreira. Que ele tenha, pois, a coragem de enfrentar a calúnia assim como a perseguição, e que veja nisto tão-somente uma prova gloriosa de seus serviços, mais atestados pelos gritos dos inimigos da coisa pública, sempre esclarecidos sobre seus interesses, do que pelos aplausos de seus fracos amigos, freqüentemente fáceis de serem desviados.

SOBRE O LIVRO

Formato: 14 x 21 cm
Mancha: 23 x 44 paicas
Tipologia: Venetian 301 12,5/16
Papel: Pólen Soft 80 g/m² (miolo)
Supremo 250 g/m² (capa)
1ª edição: 2008

EQUIPE DE REALIZAÇÃO

Edição de Texto
Rony Farto Pereira (Preparação de Original)
Maria Silvia Mourão e Alberto Bononi (Revisão)

Editoração Eletrônica
Eduardo Seiji Seki (Diagramação)

Impressão e Acabamento:

Geográfica
editora